スリム美人の生活習慣を真似したら

1年間で30キロ痩せました

わたなべぽん

プロローグ

まさか便座が割れるとはっ!

はあ…
やっぱりやせた方がいいのかな…
でも太ってたからって別に人前に体をさらす職業じゃないし
さて昼ごはんの準備しよっと
夫は気にしてないみたいだし
好きなものを食べられるのしあわせだしね
んーっカツ丼おいしいっ
カフェオレ
ミルクたっぷり
ポテトサラダ
正直別に困らないかも
バキッ
ひょえっ
べべ便座が割れたっ!!
マジかっ!?
プル
ここ
この時 実は体重95kg 私の中で何かが変わろうとしていました
このままじゃ私う○こも普通にできない女になっちゃうよ!!

もじ
もじ
もじ

母もおデブ

う～ん
鶏南蛮
サイコー！

【第五章】ダイエットが長続きするコツ、見つけた！

【第一章】

人生最後のダイエットを決意した日

第一話

私はスリムをキープできない女…

便座も割っちゃったし 太ってるのは わかってたけど…
くらっ
私って こんなに おデブだったんだ…
やっぱり このままじゃ いけない…
女としてというより 人として終わってしまう…
ど どした?
夫
ヨロッ
私っ
ぐっ
ヤセるっ!! ダイエットするっ!!
な〜んだ そんなことか
また ダイエット? 今度は 続くかな〜?
ニヤニヤ
今度は 超本気!!
私こう見えて 実はめちゃくちゃ ダイエットに 詳しいんだよね

17歳の頃 "主食抜きダイエット"で 12kgも減量したし
スカート短くできたの嬉しかったなぁ
夏休み集中ダイエット
72kg
60kg
25歳の頃 リンゴダイエットで 53kgまで落としたし
うー…っ あきてきた〜っ
65kg
53kg
二の腕や太ももを出すのも平気だった
この時だけはスタイルいいってほめられたなあ
他にも色々試してみたけど
ヨーグルトだけで生活するダイエット
バナナダイエット
牛乳
ダイエットシェイク
もはや何をいつ試したか覚えきれない…
ダイエットなんて本気でやれば意外とすぐやせられるもんなんだよね
1〜2ヶ月のしんぼうよ
あのさぁ 素朴なギモンなんだけど…
そんなに何度もダイエットに成功したのに なんで今も太ってんの？
うっ
なんで今も太ってんの？
ぐさっ
なんでって… そりゃまた太ったからで…
もじ
もじ
もじ

ってことは ダイエットしても いずれまた 太るってこと じゃないの？
ゔっ
ぐ
また太る
さっ
実はそれ ちょっと 気付いてた…
しくしくしくしくしく…
私はスリムを キープできない女…
はっ
——というか
私のこれまでの 人生…
現在おデブ まっしぐら！
おデブ
ダイエット
おデブ
ダイエット
おデブ
ダイエット
おデブ
ダイエット
10才 15才 20才 25才 30才 35才 40才 45才
ダイエット期と おデブ期しか なかったってことに！
プル
プル
プル
おーい どーしたー
ここで一句
ダイエット してる日以外は ずっとデブ
ふむ 言い得て妙！
一句詠んで どーするっ
キ〜〜ッ
ガ
ガ
ずっとこの 真実に目を そむけて生きて きたんだった!!
まぁ まぁ 落ちついて

とりあえず色々見直してみたら？
今の生活とかこれまでのダイエット法とか
僕もデブだからえらそーに言えないけど
ポン
ポン
ううん
ままずは己を知ることが大事だし
体重量ってみようかな
めっちゃ怖いけど…
確かこの奥に体重計が…
3ヵ月前に量ったときは89kgだったっけ
怖は～っ～っ
ドキ
ドキ
ドキ
少しでも減らしたいので全裸で量る
増えてませんよーにっ！
!!
体重はなんと自分史上最悪の
95kg!!
※ちなみに身長は165cm
しかも体脂肪52％って…
私の半分あぶら身かいな
は、ははははは…
悲しすぎて笑けてくるわ…
ずーん
私はもはや“割とすぐやせられる”量ではないほど太っていたのであった

ちなみに なぜ 便座が 割れたのか というと…
便座に座る時や 便座から立ち上がる時
ドカッ
便器と便座が ズレるらしく
はー
どっこいしょ
ズレに気付かず 座ってしまうと…
プラスチックの 便座が折れてしまう
ひっ
バキッ
皆さんも どーぞ ご注意 ください

第二話

もしかして、スリム美人と同じ生活をすれば痩せられる？

登録しているダイエッターたちが年齢 身長 体重日記を公開して
ホッホッ
今日の運動
食事
体重を自動的にグラフ化
体重などを入力!
オススメのダイエットレシピも届く
しかもダイエット仲間ができる
情報交換したり励まし合ったりできるダイエットのためのポータルサイト
あ!
すごく私と似てる体型の女性が情報公開してる!!
ゆりこ さん 36 才
身長 163 cm 体重 96 kg
体脂肪率 42 %
★ひとこと★ 今回こそは ヤセる!
《挑戦しているダイエット法》
・間食しない!
・夕食はダイエットフード
・レコーディングダイエット
・半身浴
良かった〜 90kgオーバーってけっこーいるんだ〜
日記も見てみよっと!
1/15 しかたなく職場の新年会へ。つい飲みすぎた。反省…(T_T)
ウィック
ホラホラ グラス空いてる
↑想像のゆりこさん
うんうん
飲み会ってことわりづらいもんねー
1/16 ひざが痛む。これじゃ運動は無理。しばらくは食事制限でダイエットする…。
イテテ
ズキッ
ヒザにこない運動もあるのに…
水泳とか
1/17 生理でむくむ。どうせやせないし、ストレスをためないように食べた。
え!?
食事制限するんじゃなかったの!?

1/22 生理が終わり、
やせ期突入！少しくらい
食べても太らないのが
嬉しい！
や…
やせる気
あんのか
この人…
・・・
ななんつーか…
おデブさんって
言いわけ
多いよね
はぁ〜
他人のあらは
よく見える
ん？
ついでだから
スリムな人の
日記も見て
みようかな
ポチッ
ルナ さん
35 才
身長 163 cm
体重 52 kg
体脂肪率 18%
ひとこと★ 今月もキープ！
《挑戦しているダイエット法》
・週三日 ジムに通う！
・バランスの良い食事！
会社帰りに
ジムでピラティス
無農薬野菜のレストランへ
友達とでかけてきました
野菜って美味しい！
ウォーキングシューズを
新調しました。
ネイルサロンへ
行ってきました
昨夜飲み会だったので
今日の食事は軽め
うおおっ
なんだか
華やかで
まぶしいっ!!
なっ何なんだ…
このスリムさんと
おデブさんの
日記の違い…

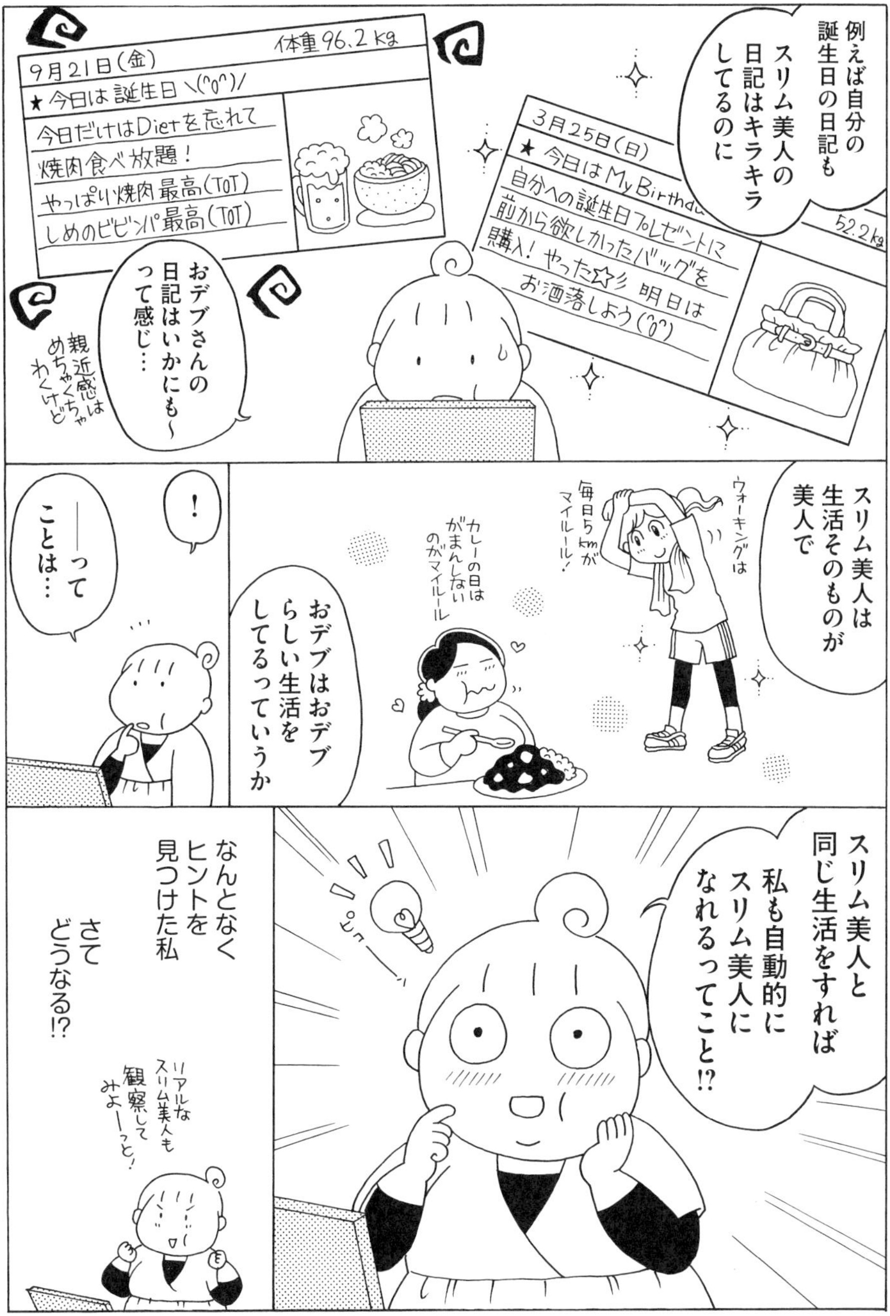
例えば自分の誕生日の日記もスリム美人の日記はキラキラしてるのに
3月25日(日)
★今日はMyBirthday
自分への誕生日プレゼントに
前から欲しかったバッグを
購入! やった☆彡 明日は
お洒落しよう(^o^)
52.2kg
9月21日(金) 体重96.2kg
★今日は誕生日＼(^o^)/
今日だけはDietを忘れて
焼肉食べ放題!
やっぱり焼肉最高(TOT)
しめのビビンパ最高(TOT)
おデブさんの日記はいかにもって感じ…
親近感はめちゃくちゃわくけど
スリム美人は生活そのものが美人で
ウォーキングは毎日5kmがマイルール!
カレーの日はがまんしないのがマイルール
おデブはおデブらしい生活をしてるっていうか
!
——ってことは…
…
スリム美人と同じ生活をすれば私も自動的にスリム美人になれるってこと!?
ピカ——
なんとなくヒントを見つけた私
さてどうなる!?
リアルなスリム美人も観察してみよーっと!

便座だけじゃない！
おデブな私が壊してきたものたち
ブラのホック
ひっ
バキッ
立ち上がろうとした時に手をついたアイロン台
うわっ
バキッ
木製の踏み台
あ
ビリッ
ズボンがやぶけるのは股ずれだけじゃない…
ひっ
バキッ
すのこベッド
高かったのに〜
ポッキリ…
くつのかかと

【第二章】
スリム美人の生活VS
おデブさんの生活、徹底比較

第三話

スリム美人をとことん観察

そんなある日
昔の同僚宅に
当時の仲良しで
集まり
私 ピザ 大好物♥
三人だし Lにする?
Kちゃん(34歳)
現在トリマー
T子ちゃん(35歳)
現在育児中
夕食に
宅配ピザを
頼むことに
二人とも
スリムな
美人さんだから
今日はしっかり
観察させて
もらおう!
ニヤリ
おなかすいた〜!
今日 お昼食べ
そびれちゃって
これが今日の
初めての食事
だよ〜〜〜!
私もー!
おなか空かなくて
お昼抜いたから
今もう
ペコペコ!
えっ!?
お昼抜き!?
そんなの私
年に1度
あるかどうか…
かぜひいても
食べるもんな〜
ゴホッ
ゴホッ
大丈夫?
何食べたい?
ううう…
唐揚げ弁当と
プリン…
ゼェ ゼェ
それに普通
食事って
時間が来れば
食べるもんじゃ
ないの?
お! 昼ごはんの
時間だ〜
バリボリ

ピンポーン
ピザーニャでーす
うわぁ
Lサイズって おっきいんだね
ホントだあ!
うち いつも Mサイズばっかりだもんなぁ
えっ
そ そうなの?
サラダ
チキン&ポテト
ペンネグラタン
うち 夫と二人暮らしで Lサイズにサイドメニュー追加は当たり前だけど…
いただきまーすっ!
40分後
ふぅ〜
おなかいっぱい
もったいないから つつんで持って帰ろうかな
えーっ
もう おなかいっぱい!? まだけっこう残ってるのに!
それに 私なら 大好物は 無理しても 食べるけどなぁ
自分の分は ペロッと たいらげた
あ!
そうだ! 私 いいもの 買っておいたの
やっぱり 甘いもんは 別腹でしょ!
デザートに食べよう!
おいしそうっ
ホッ
この辺は 一緒かな
うんうん

20分後
あはは
それでさぁ～
え～～
ホント～～？
結局これも持ち帰ることに…
完食
前言撤回！
スリム美人に別腹はない！
よーし！
この際だ！もっとつっ込んで聞いてみよう
ねぇねぇ普段何か運動してる？
運動？
私は週2～3回ピラティス行ってるくらい
運動っていうか息抜きだけど
子どもの頃から週1でバレエやってるよ
へ～
運動苦手だしハードなのは嫌いなんだ～
私も子育てが大変だから
キツイ運動はできないなぁ
年かなぁ あははは～
苦手と言いつつ何かしらはやってるってことか
ということで街中で見かけた人々や友人たちを観察した結果
うわぁ
スリム美人とおデブさん観察日記
こんなにたくさん違いがあるなんて

おデブさんにありがちなこと
食べ物編
料理の味つけが濃い
しょうゆ色
テーブルに菓子皿が乗っているのが
デフォルト
美味しいもの＝たっぷりこってり
うーん鶏南蛮サイコー!
やたらしょうゆが好き
ジャー
水分補給はカフェオレかミルクティ
ミルクコーヒー
ミルクティ
※加糖
塩味がなんか損した気分…
やっぱりラーメンはトンコツ!
ごほうびおいわい＝食べ放題!!
ケーキバイキング
大好き
自称グルメだが実は偏っている
うむ○○屋の唐揚げはうまい!
唐揚げばっかり食べてる
好きなものは一番最後にとっておく
やっぱり肉系
サンドイッチはカツサンドがマスト
※チキンカツやハムカツでもまあまあ可
ストレスで太る…と思っている
ちくしょー
ガツガツ
ビールならいくらでも飲める
プハー
しかもビールを飲むと食欲が増す
その他にも…
深爪 or 巻爪
実はそんなに汗をかかない
なぜかヘソがくちゃい
貯金が苦手
BANK
財布にレシートがぎっしり!
「食べられる」が植える基準
くつが古い
手帳を使いこなせないけどなぜか毎年買う
2013
○○のせいで太るのよ～
言いわけが多い!
なぜかいつも荷物が多い
母もおデブ
いつも買う雑誌はTV情報誌かお料理雑誌
みかんページ
TVジロー
車の中やバッグの中も同様。
部屋が汚ない
そうじめんどくさーい
美容編
入浴はシャワーで済ませがち
ダイエット経験が多いのでカロリーには詳しい
カロリー早見表
膨張色
淡い色の服は買わない
○○するだけ的なダイエットアイテムが戸棚の奥に眠っている
巻くだけ
塗るだけ
飲むだけ
もえる!

スリム美人にありがちなこと
食べ物編
今日お昼にけっこー食べたからまだおなか空かないんだよね～
やたら腹持ちがいい
MENU
すっぱいものが好き
梅干
かんきつ
お肉大好き!
と、言うわりに脂身や鶏皮が苦手
ジュ～
ビールってすぐおなかがいっぱいになっちゃって
ビールはたくさん飲めない
水分補給はミネラルウォーターかお茶
水
ほうじ
今日はもう寝ちゃお
くすん
ストレスで食欲減退
やせちゃうことも…
もうおなかいっぱい!
実は別腹なんてない
ソルベでさえ!
あったかいの食べたかったの
美味しいもの＝今、体が欲しているもの
ぐつぐつ
ん!おいしっ!
好きな食べものから食べる
ニコ ニコ
食べるのに時間がかかる
美容編
おいわいごほうび＝キラキラステキ女子アイテム♡
週一～二回何かしら運動している
シンプルな服を着ても地味にならない
ダンス系の習いごとをしている
そこそこ～
ギュ～ッ
マッサージが好き
美容系グッズを三つ以上持っている
ゲルマニウムローラー
フェイスローラー
フラフープ
カロリーにはうといがサプリメントには詳しい
プラセンタ
コラーゲン
Q10
その他にも…
友達もスリム
プレゼント選びが上手
長く使っているお気に入りのアクセサリーがある
そうだ!○○さんにTELしてみよーか!?
知人に気軽に連絡できる
あっそれ観てきたよ!
最新映画に詳しい
支払い伝票
支払いが滞るのが大嫌い
花が好き
美容師さんと仲良し
お気に入りのファッションモデルがいる
こんな風になりたーい!!
con com

うーむ
こうやって見ると… スリム美人はキレイなものが好きなのかな
キレイなものが好きだからスリムなの？
スリムだからキレイなものが好きなの？
ま とりあえずこの結果をもとにスリム美人のクセをマネして生活すれば
キラ
私も徐々にスリム美人化するってことなんだよねっ！
例えば私がいつも飲んでる甘いカフェオレやミルクティーを
カロリーにすると約600kcal
ミルクコーヒー
ミルクティ
0kcalに！
水
スリム美人を見ならってお水やお茶に変えただけでもヘルシーになるわけだし！
……
と言ってもなぁ…
私の場合子どもの頃から大食いクセがついちゃってるし
たーんと（たくさん）けーなっ（食べな）
母
うんっ
小一ですでに46kgあった
どさっ
そもそもおデブって遺伝らしいし
DNAには逆らえないよね…
母もおデブだし…

はっ
おデブさんは言いわけが多い
おデブさんにありがちなこと
ダメダメッ
今更親のせいにするなんてっ
おデブ特有の言いわけグセじゃないかーっ！
ペチ
ペチ
私が太っているのは誰のせいでもない私のせいだよね！
やせるPoint
まずは自覚しよう！
ぐっ
すっくっ
でも逆に言えば
自分のせいだから
自分が変わればやせられるってことだよね
よーしっ!!
明日からまたスリム美人の観察だぁ！
今日からは
美人っぽくない風呂あがりのビールはひかえるぞ！
オー！
私はほんの少しスリム美人のコツをつかんだのでした

まだまだある
おデブさんに
ありがちなこと
食べ物編
映画のおともにポップコーンを買うが予告の段階でほぼ完食
ブーッ
コンビニのレジ前商品に弱い
あ!これもっ!
大福
○○サラダといえばポテトかマカロニ
カップかコーンかで言ったら
100%コーン
パンや麺も大好きだが一口でも白米を食べないと食事した気になれない
行列に並ぶくらいなら多少まずくてもすぐ食べられるほうがしあわせ
ラーメン
こだわりの食べ方や組み合わせがある
やっぱり生姜焼きにはマヨネーズ♥
試食はとりあえず食べる
美容編
衣がえしてみると去年のセーターがキツくて着られなくなっている
尻の隠れる服ばかり着ている
頑張ってお洒落しようと買ったが照れて着られず結局タンスのこやしに…
ファッション雑誌は眩しくて見ていられない…
Can Com
Ray
運動は・やらない・やりたくない・やる意味が分からない
苦しいだけなのになんで走るの?
生活編
やたらカラオケに心血をそそぐ
使ってる食器は何かの景品
パンまつり
コンビニくじ
飼い犬もおデブ
たまに席をゆずられる
どうぞ
妊婦じゃないんだけどな
自分の幅が分かってない
あ
ドン
キャラクターものが好き
犬派?
猫派?
実はハムスター派
サクサク
写真が苦手
いつもはしっこ
配ってるものはなんでももらう
実は意外と毒舌
No!
急げば間に合うけど見のがす
アイドルやお笑い芸人に詳しい
アクセサリーの収納はゴチャッとなりがち
こんがらがっちゃう
エレベーターで乗るのをためらいがち

スリム美人にありがちなこと
食べ物編
デートスポットになるようなステキなレストランに詳しい
おいしー
マクロビオティックに興味がある
行きつけのカフェにお気に入りのイスや席がある
好き嫌いが少ない
エスニック大好き
珍しい野菜に興味津々
アイスプラント
ビーツ
料理では色どりや盛りつけを考える
料理する時はお気に入りのエプロンで
キュッ
北欧系の柄
暑い日でも冷たい飲み物ばかり飲まない
美容編
コスメポーチがスッキリコンパクト
下着はフィッティングしてから買う
買物ではあまり悩まない
これにします
旅行みやげはコスメ系
健康は美しさの第一条件
年一回必ず健康診断へ
カルテ
○×病院
日焼けと虫さされには特に気をつけている
虫よけ
良い香りのものが好き
服はシルエットが大事！
アクセサリーをキレイに収納している
ジュエリーボックス
コスメは成分表示をきっちり見る
くつの手入れがマメ
生活編
クリーニング
クリーニング店の利用が多い
アルバムが多い
普段使う小物にも専用のキレイめケースがある
ブックカバー
Suica
ペットの名前が可愛い
字や言葉がキレイ
美
旅行はリゾートが好き
ザザー
意外と絶叫系が好き
キャ〜〜ッ
ハリウッド女優に詳しい
寝る時はパジャマ
× スウェット Tシャツ ジャージ
お灸やツボ漢方に興味がある
あ〜気持ちいい
オフィスのデスクもいつもスッキリキレイ！

第四話

発見！ ダイエット最強のコツ ～理想のスリム美人をイメージしよう～

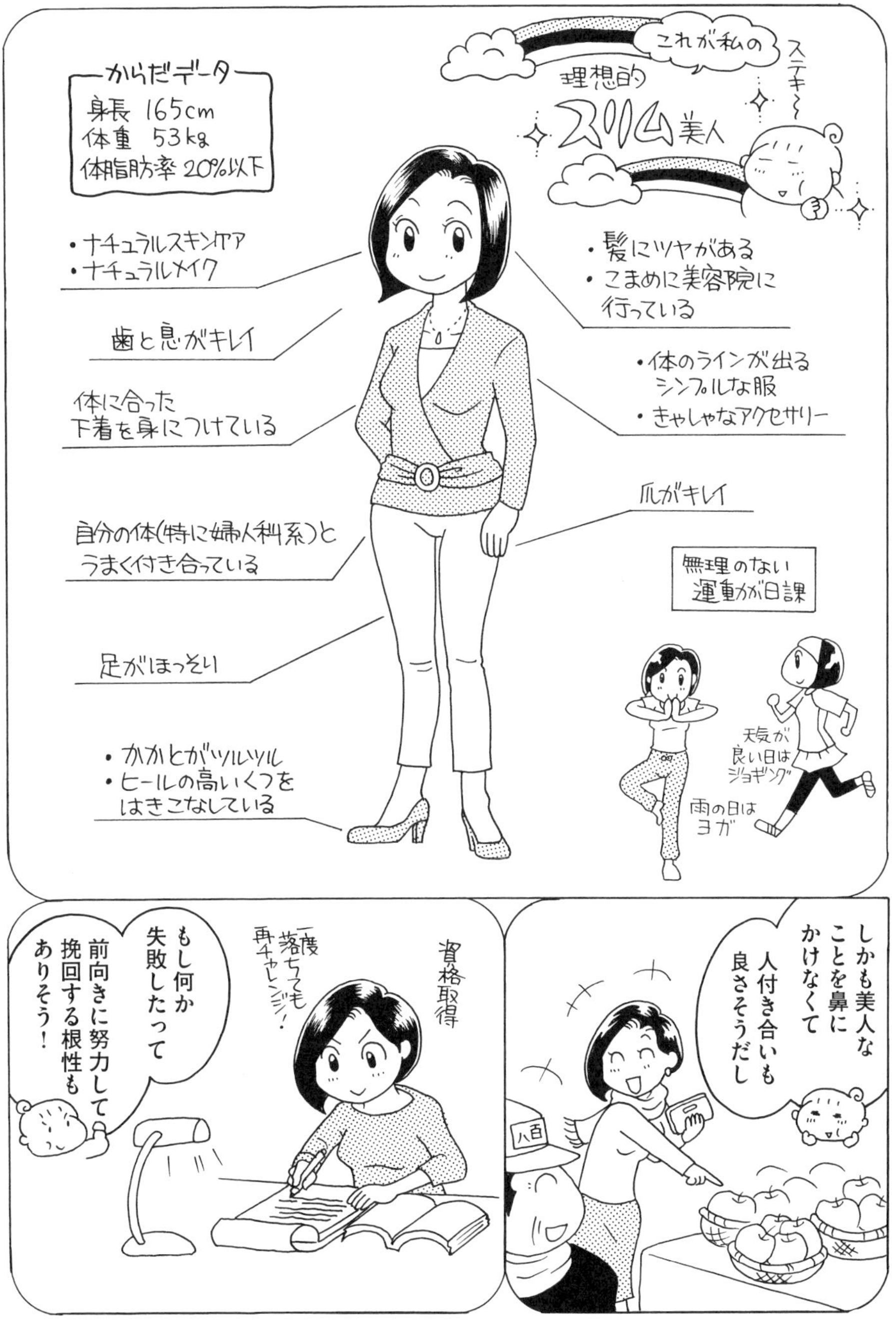
これが私の
理想的
スリム美人
ステキ〜
からだデータ
身長 165cm
体重 53kg
体脂肪率 20%以下
・ナチュラルスキンケア
・ナチュラルメイク
歯と息がキレイ
体に合った
下着を身につけている
自分の体(特に婦人科系)と
うまく付き合っている
足がほっそり
・かかとがツルツル
・ヒールの高いくつを
はきこなしている
・髪にツヤがある
・こまめに美容院に
行っている
・体のラインが出る
シンプルな服
・きゃしゃなアクセサリー
爪がキレイ
無理のない
運動が日課
天気が良い日はジョギング
雨の日はヨガ
しかも美人なことを鼻にかけなくて人付き合いも良さそうだし
八百
資格取得
一度落ちても再チャレンジ!
もし何か失敗したって前向きに努力して挽回する根性もありそう!

うわぁ
こんな女性になれたら毎日はつらつとして人生楽しいだろうなぁ
やせるPoint
理想の美人像を描いてみよう!
ついでに
今の私のダメダメぶりも描いてみようっと
己を知るって大事よね
これが今の私の
ダメダメなところ…
からだデータ
身長 165cm
体重 95kg
体脂肪率 52%
体の半分が脂肪!?
美容院に行くのが億劫で伸ばしっぱなしの髪
・雑なスキンケア
・普段はほぼスッピン
歯のケアができてない
合う下着がなかなか見つからずキツイ
「着たい服」じゃなく「着られる服」を着ている
・さかむけが多い指先
・ネイルもほとんどしない
生理痛が重いのを放っときっぱなし
股ずれしてやぶけたジーンズやレギンスをつくろってはいている
・ガサガサかかと
・ペタンコぐつ
運動ゼロ
どころか…
フゴ〜
食べたらすぐ寝ることも…

しかも言いわけ多いし
引っ込み思案だし
あきっぽいし
書いてて悲しくなってきた…
卑屈だし口が悪いし
うう～
書ききれないよーっ
はぁ～
私ってこんなにだらしなかったっけ
やせるPoint
今の自分を見つめ直してみよう
ん？
あ あれ？
爪やかかとのケアって太ってることと関係ないのに…
なんで私やらなくなっていたんだろう…
・さかむけが多い
・ネイルはほとん
爪がキレイ
20代の頃は道具を揃えるくらいネイルアートにハマってたのに…
得意だったのはお花の3Dアート♡
25才
ジェルネイル用品

それにかかとだって
お洒落するために
磨いたりしてたのに
キレイにミュールをはきたいから磨いておこっと
シャカシャカ
そういえば
太るにつれ
自分には似合わない
ような気がして
ネイルもやめたし
ミュールもはかなく
なったんだっけ…
私って太ってるのを
言いわけにして
今できることまで
放ったらかし
だったのかも…
……
せめてこれくらい
やっておこう
うっ
腹肉が邪魔で
かかとが磨き
にくいっ!
グラ
グラ
えーーっと
この辺に
昔使ってた
ネイルケアセットが…
とりあえず
磨いて
透明な
マニキュア
でもぬってみよう
実は今
これくらいしか
持ってない

なんだか気分がスッキリ！
散らかってたひきだしを整とんしたみたいな気分
えへへ♥ ちょっとテンションあがってきたなぁ
どれどれ
他にも何か今すぐできそうなものはないかな？
おおっ スキンケアもメイクも今すぐはじめられ…
——というか
ジョギングもヨガも美容院も歯の治療も本当は今すぐでもはじめられるんだよね
それに今まで書きためた“美人観察日記”もすぐマネできる美人のクセがたくさんある！
というわけで
スリム美人観察日記
スリム美人生活の大まかなルールを決めてみることに
よしっ
できたぁ！
一つ、美人はおなかが空いたら好きなものを楽しんで食べ満たされたら食すのをやめるべし

二つ、美人は適度な運動を日課にすべし
三つ、美人は日々お洒落やメイクを楽しむべし
四つ、美人は髪、爪、歯、肌のケアを怠るべからず
五つ、美人は人に優しく自分の体や心もいたわるべし
六つ、美人は好奇心を忘れず、学びや遊びを楽しむべし
こうやって見るとやせてから自分磨きするんじゃなく
日々美を育てていく感じかな

ふ～
ゴロン
ひとつひとつは難しいことじゃないんだけどなぁ
はっ
美人はダラダラゴロゴロしないはずっ
ぴしっ
おっ…
い今の考え方とってもいいかも
書き加えておこう！
七つ、行動に迷ったら「美人だったらどうするか」を考えるべし
中華バイキング
食べ放題!!
美人に似合うのはどちらかしら
焼きたて天然酵母パンの店
cafe
Leaf
いいね～
明日からこの〝美人生活7ヶ条〟を守ってすごしてみよう
大事なことは冷蔵庫に貼っておく
小麦粉
そしていよいよ美人生活を実践することになったのです！
マヤ！スリム美人の仮面をつけるのよ?!
ごきげんだねぇ

私が実践してみた

スリム美人になったつもりで○○してみよう！

♥料理・食べ物編♥
お料理の味つけは「調味料よりお出汁で」くらいの気持ちで
×
○
グラスに口をつけるときはおはしを置く
効き目別にハーブティーを買ってみる
ビタミンC
ローズヒップ
気分転換
ミント
美白
はとむぎ
カモミール
リラックス
買物の前にこんだてや購入する食材を決めておき
今日も私はスリム美人なメニューにする！
と、心でつぶやいてから買物をはじめる
どうしてもチョコレートが食べたくなったら
コーヒーと一緒に♥
カカオ80％以上のものをちょっぴりいただく
同じ値段なら質のいい方を選ぶ
○
オーガニック ¥498
×
特大マヨネーズ
セール ¥498
♥生活・美容編♥
こんだてはまず
今は白菜が旬かな
旬の野菜を考えてから
ってことは豚を合わせて鍋にしよう
決めてみる
一人ごはんはファーストフードより雰囲気のいいカフェでゆっくりと
"生理不順"や"生理痛"など
へ〜体を温めるのっていいんだ〜
婦人科系の不具合にきちんと向き合って改善を心がける
室内は温度だけではなく湿度にも気を配ってみる
加湿器
シュー
リビングでゴロ寝TVはNG！
ソファでゆったり座って観る
普段から目に入る部位は
ネイル
アクセサリー
キレイにしておくと美人気分UP！
家に一ケ所だけでも花をたやさない場所を作ってみる
わが家は玄関！
生活リズムをくずさないよう
眠いけど頑張って起きよう〜！
むやみに「夜ふかし」「二度寝」「お昼寝」をしない
お風呂は半身浴でポカポカ
ゆっくりセルフマッサージ

【第三章】

美人になったつもり生活、スタート！

第五話

美人になったつもり生活、1日目

朝5時
ピピピッ ピピピッ
ピピピッ ピピピッ
ヴー ヴー ヴー
あがっ
ジリリリリ
ジリリリリッ
今日からいよいよ
美人になったつもり
生活のスタート！
ばしっ
むむぅ うるさいったら
そうだった
今日からジョギング
するんだった
―――…
雨降って
ないかな
いやいやいやいかん
"美人の朝は
ジョギングから
はじまる"
だもんね
チュン チュン
キラ キラ
キラ
タッ
タッ
タッ
ま初日は
3kmくらい
軽く流すか
コキッ
元陸上部
ところが…
ゼェ
はぁ
ゼェ
はぁ
ドス
ドスッ
ドスッ

キキッツ〜!!
体がこんなに重いなんてっ!!
ゼェゼェ
のどの奥で血の味がする〜
はぁはぁ
ドス
ドス
ドス
ひざや腰
肩まで痛いし
それに…
ゼェはぁ
ズキ
ズキ
ドス
乳がゆれる
ボヨン
ボヨン
尻がはずむ
ブリン
ブリン
ゼェ
はぁ
ブルン
全身の肉が波打ってる!!
ブルン
ああ
人目が気になって
ベテランジョガー
新聞配達
ブルン
ブルン
ドス
ドス
朝帰りのカップル
はは
はずかしい〜〜〜

ただいまぁ〜
結局1㎞も走れなかった
ぐったり
ゼェ
はぁ
うわっ
大丈夫!?
少し横になったら?
うん そうする
うう〜
美人らしくジョギングを楽しもうと思ったのに
しくしくしくしく…
うまくいかないもんだなぁ…
くかー
結局二度寝
早っ!
その日の夜
新宿駅
お待たせ〜
夫の職場の方々と食事会があり待ち合わせてお店に向かうことに
お
今日はなんだか気合い入ってるね
ままぁね

“美人はメイクやお洒落を楽しむ”
――はずなんだけど…
太ってるのに着飾ってるのってこっけいかな…
チラ
人の多い街中にやって来るとつい
帰りたいよう
引っ込み思案の虫がモゾモゾ…
それにこんなおデブが心の中で“美人になったつもり”でいるなんて…
ウグッ
すごく身の程知らずなんじゃ…？
おっと
待て待て
私の理想の美人は容姿だけじゃなく朗らかで親切で卑屈にならない性格美人！
プル
プル
プル
？
体重はすぐには落ちないけど
心は考え方ひとつで明るくなれるもんね
は～
落ちつけ私
元気出そう！

イタリアン
皆さん まず飲み物は 何がいいでしょう
あ
じゃあ僕は とりあえず 生ビールで！
じゃあ私も…
はっ
「とりあえず ビール」は 美人っぽくない
ってか オッサンぽい…
ドリンク メニュー
美人が頼み そうなのは…
じゃあ私は スパークリング ワインを
となると 料理の 美人オーダーは
・フレッシュ
・ヘルシー
・旬
な感じの…
うん！ これにしよう！
魚と野菜が たっぷり♡
Bコース
有機野菜とシーフード ミルフィーユ仕立て
旬の魚のアクアパッツァ
アスパラのポタージュ
レモンとバジルのソルベ
あれ？ この奥さん もしかして アルコールが 苦手なのかな
これ ソフト ドリンクの メニューみたい ですよ
大丈夫ですか？
あっ ありがとう ございます！
実はあんまり 得意じゃなくて…

"気配り美人"には少しだけ近づけたかな?
えへへ
ちょっと気が楽になってきた
そして帰り道
あ〜!
美味しかったし楽しかった!
あれ?今日はコンビニ寄らないの?
うん!飲み会帰りにコンビニで食べ物買うのやめたの
ふーん そっか…
美人っぽくないからね〜
ちょっと食べたかった
美人は洋服をていねいに扱っていそう!
ミャッ
ミャッ
美人はきっとシャワーだけで済まさずゆっくり入浴するよね
ふう〜
美人はていねいにスキンケアしてるはず

うーん♥
なんだか
ほんとに
美人になった
気分
柔らかい照明
ハーブティ
アロマオイル
今までの私なら
きっと今頃
コンビニ惣菜で
飲み直してたなぁ
おうちで二次会だーっ
カンパーイ
チーカマ
焼鳥
たこわさ
ビールや缶チューハイ
お好み焼き
モンブラン プリン
ちょっと
口さみしい
気もするけど
食べた後の
罪悪感で悲しくなる
よりはいいい!!
あーあ
またこんなに
食べちゃった…
ダイエット
してなくても
いつも罪悪感は
あった
少しでも
美人に近づいて
いってると思うと
ウキウキするしね
今朝のジョギング
失敗しちゃったけど
明日は散歩気分で
ウォーキング
してみよう
だって美人は
焦らないはず
だもんね
美人になった
つもり生活
これからも
やっていけそう
な予感です

第六話

満腹感って…なんだっけ?

翌朝 昨日の反省を踏まえて6時起床
なかなか気持ちがいい♪
歩きはじめは眠かったけど
ホッホッ
そして朝食
いっただきまーすっ
美人は食事を美味しくいただいて…
そして満たされたら食事をやめる
だよね!
ん〜っ
んまいっ
……
ぱくぱく
……
もぐもぐ
2杯目
——あ あれ?
おなかいっぱいにならないんだけど…?
おみそ汁もおかわり

結局3杯食べちゃったよ
ゲフー
理想
ごちそうさま～
一汁一菜 各一膳
どうしてこうなる…
ポンポン
感覚がマヒしてるのかな？
もっと もっと
広がっててまだまだ入るぜ！
いやいや胃袋がガバガバに広がってるんじゃ…
でも私 そんな胃がガバガバになるほど食べてたっけ？
えーっと…
夕べは食事会だったからおとといの食事は…
モワ
モワ
朝8時起床おめざにチョコ
うう
昨日のお酒が残ってるな…
おとといの私
ぱくっ
胃が動かないと目が覚めない…と思っている
ポイ
すぐに朝食の準備
ジュ～ッ
あいよー
いってきまーす
夫は朝食食べない派

ワイドショー見ながら完食
ウィンナー4本
めだま焼き2こ
たくあん
昨日の肉じゃが
納豆
ごはん2~3杯
みそ汁2杯
あらテリーさん今日もおされ
その後そうじなどの合間におやつ
ふ~~っ
ちょっと休憩
甘いチャイ2杯
11時スーパーに買い出し
ついでにランチも買おっと
何にしようかな~
12時ランチ
スーパーの鶏そぼろ弁当
春巻2本
ごぼうサラダ
デザートに豆大福
カフェオレ
ミルクティー
やっぱりワイドショー見ながら完食
午後はお仕事
チュー
ミルクコーヒー
カリカリ
おせんべいやチョコなどを5~6枚はつまむ

夕方6時
夕飯のしたく
お
メールだ
トラブった〜〜
今夜遅くなる
11時くらいに帰る
あら〜
基本的に夕飯は
家族一緒に！が
わが家ルールだけど
ちょっとつまんで
飲んじゃおっと
おつかれさ〜ん
待ちきれず
夕飯前の
一人飲み
スタート！
ビール
350ml ×2
Beer
夕飯のおかずの
鶏唐ちょこつまむ
れんこん
キンピラ
梅きゅう
たくあん
11時すぎ
ただいま〜〜〜
夫とともに
夕飯
う〜ん
やっぱり
鶏唐には
マヨ！
普通に
ペロリ
2杯目
鶏唐ちこ
たくあん
また
ビール
350ml
×2
れんこん
キンピラ
冷奴
そうそう！
コンビニで
新製品みつけた
んだ〜！
夫もスナック好き
おっ
おいしそう！
ラーメン
スナック
食後スナック菓子で
ビール5本目

あ〜ぁ
皿洗うのめんどくさー
風呂入るのめんどくさー
うぃ〜〜っっく…
そして酔ったまま
深夜2時頃就寝…
……
常備つまみ
するめ
そりゃ太るわっ!!
あたしゃアホかっ
ばしっ
やせるPoint
食生活を振り返ろう!
ひゃ〜
私ってこんなに食べてたんだ
無意識でつまんでるお菓子もあるだろうから
本当はもっと多かったりして…
じゃ
ここはひとつ自分に厳しく
ごはんは1膳まで!
と決めちゃおうかな!

…でもなぁ
満腹感のない食事なんてつまんないよなぁ
この私がたったー膳で満足するとは思えない…
なで
なで
食事ってやっぱり
はぁ〜
食ったー
もうおなかパンパン
動けないよ〜
こうじゃないと食べた気がしないんだもん
ん？
待てよ？
じゃスリム美人は本当は満腹じゃないんだけど
がまんして少食なのかなぁ？
いや私が見てきたスリム美人たちは
がまんせず食べ無理せず残す
って感じだったなぁ
いただきます
ごちそうさま！
ごはん一膳で満足♡
まだ食べ足りない…
同じ量
この違いって何なんだろう？

ももしかして
おなかぽんぽん
イコール
満腹
――っていう
私の考えが
まちがってる？
ゴクッ
だから私
満腹を通り越してもついつい
もう十分だよ
もう入らないよ〜
ゲップ
ギリギリまで
食べちゃうのかな？
ポンポン
ってことは
私が感じてたのは
満腹感じゃなくて
もう食べ物入れないで〜〜っ
胃袋の悲鳴!?
私もちゃんと
満腹感があれば
ごはん1膳でも
満足できるの
かなぁ
ごめんよMy胃袋…
なでなで
ん？
でもどうすれば
普通の満腹感が
わかるんだろ？
訓練でどうにかなるもの？
新たな疑問が
発生！
私の試行錯誤は
まだまだ
続きます

第七話

腹八分目がはじめて分かった！

早朝6時
cafe Orange
チュン
チュン
今日私は知人の経営するカフェ2号店開店の手伝いに来てます
Sさん 前の職場の先輩
いやぁ〜
急にお願いしてごめんね〜
なかなか人手が揃わなくて…
いえいえ
Sさんのカフェには以前も何度か手伝いに来たことがあり
メニューは本店と同じだから作り方はわかるよね
一応これレシピね
はい！
バッチリっす
今日はオープン記念でパンもメニューも全品30％OFFだから
レジ打つ時は注意してね！
ラジャ！
びしっ
ま
初日だしそんなに忙しくならないと思うんだけどね
どーでしょうねー
すると7時の開店と同時に
OPEN
いいらっしゃいませ〜〜
イッキに人がなだれ込んできて

あっという間に
満席！
ななんで!?
なんか電車が
事故で止まってて
しばらく動かない
みたいですよ
さっきお客さんが
会社に電話
してました
それでか〜
みんな
待機しに来てるん
だね〜
バイトさん
すみませ〜ん
モーニング
セットひとつ
あっ
こっちも
こっちも
俺
ブレンド
ひとつ！
あっ
はいっ
ただいまっ！
こりゃ
大変だっ
開店すぐに
満席となった
カフェは
やがて電車が
動きだしても
客足はとだえず
いらっしゃい
ませ〜
こんなお店が
できたんだ〜
かわいい
ね〜
嵐のような
ランチタイムや
3時のコーヒー
タイムに突入
ケーキセット
A・B各2で
カフェオレ2
ハーブティ2
ベーグルサンド
カフェオレ1
あっ
ベーグル
終わり！
Orange

気がつけば
午後4時に
ふ〜
なんとかピークはすぎたみたいだね〜
ですねー！
もうほとんどパンがないですよ〜
じゃぽんちゃんとバイトちゃんはまかない食べちゃって
遅くなってごめんよ
やった〜
今朝寝坊しそうになって朝食抜いたし
これが今日初めてのごはん！
はっ
ヤバッ 時間ないっ！！
この私が2食も抜いたなんて信じられない
お菓子も食べてないし
ぎゅるる〜る〜
わっ
おなか鳴っちゃった
はずかし〜
誰かに聞かれてないかな
キョロ
キョロ
あれ？
私 自分のおなかの音を聞いたのどれくらいぶりだろう…
これまでは間食が多かったし
おなかが空いてなくても時間になったら食べてたし
ぢゅー
カリ カリ
ミルクコーヒー
いつもの仕事風景

おまたせ〜
きゃっ きゃっ♪
当店オススメカフェメニュー
豆腐ハンバーグと玄米ごはん!
ひじきの煮物
そば茶
豆腐ハンバーグと野菜サラダ
玄米ごはん
長芋の梅づけ
あおさのみそ汁
うわっ
これ食べてみたかったんだぁ
いただきまーすっ
ぱくっ
……
じいい〜〜ん
わあ…おいしー
あれぇ?
料理が美味しいのはもちろんだけど
ズズッ
おなかが空いてるせいか味覚が敏感になってるような…
野菜や玄米の甘みをすごく感じるし
水分もぐいぐい体に入っていく感じ…

あれ？
おなかの中心があったかくなってきた
ポカ ポカ
おぉ！
ポカ ポカ ポカ
今度は体全部がじわじわとあったまってきた
それにさっきまでくたびれてたのになんだか元気が戻ってきた気がする…
う〜ん
食事ってエネルギー補給なんだなぁ
玄米ごはんおかわりいるかい？
あ〜
えーっと
おなかが張ったり苦しいくらいじゃないんだけど
食べたけど 体は軽い！
もう空腹じゃないしこのまますぐ働けそうなくらい元気出たし…
もうおなかいっぱいです！ ごちそうさま！
おいしかったぁ〜
そりゃ良かった〜

もしかしたら正しい満腹感ってこういう感じなのかも
ポカポカ
ポカ
おぼえておこうっと
やせるPoint
満腹感を意識しながら食事しよう!
その日の夜7時頃
夫君〜ごはんだよ〜
あ〜〜い
あれ?夕飯食べないの?まさか思いあまってとうとう断食!?
やめなよ〜
違う違う!
今日Sさんの店でまかない食べたの4時すぎだったから
まだおなか空かないんだよね
ふ〜〜ん
でも今までは僕が帰る前から晩酌してても夕飯くらいペロリだったじゃない
おかえり〜
すぐごはん作るね〜
う、うん
う、うん
まぁそうなんだけど…
Beer
Beer

おなかが空いてからの方が満腹感を感じやすいみたいだから
了解！
俺が鳴いたら飯を食え！
おなかの虫
やせるPoint 食事は空腹を感じたら！
これからごはんはちゃんとおなかが空いてから食べようと思ってさ
ふーーん
……とはいえこうもいい匂いがするとつい食べたくなるなぁ
くんくん
これは僕のっ
サッ
実は僕帰りにまたスナック買ってきちゃった
君も食べるっ
サッポロユーン
あんたは悪魔かっ
まぁまぁゆっくり食べててよ私はこれからお風呂でオイルマッサージでもしよっかな♪
すすすっ
と、風呂場に避難
そんなこんなで食べ物との付き合い方が少しずつわかってきた私
むに〜
小顔マッサージ…らしい
でも実はもうひとつ最大の強敵がいることにまだ気がついていなかったのです

【第四章】

ダイエットの罠は、こう乗り切れ！

第八話

アルコールを味方につける秘訣

試行錯誤しながらの美人になったつもり生活も1ヵ月がすぎ
やったぁ〜
すごーいっ!
一ヵ月で5kgも減ってるぅ
なんと体重が5kg減の90kg体脂肪は48%に!
90.0kg
あいかわらず全裸で計測
美人になったつもり生活のおかげで
美人はミルクコーヒーじゃなくてハーブティ
美人はスナック菓子より季節のフルーツ
知らないうちにカロリーダウンできてるのかも
とはいえ食事制限じゃなくて一般女性の食事量に戻っただけなんだけど
私今までホントに食べまくってたんだね〜
ごはんはサラッと一杯
う〜んっ
それにしても前に比べて朝の調子が良くなったなぁ
朝は気分が悪くて当然と思ってたけど
うう〜だる〜
ヨロヨロ
おえ〜
歯ブラシくわえると吐き気
今までは胸焼けや前日のお酒が残ってたのかも…

朝の調子がいいとウォーキングも気持ちいいし
ああ 朝の空気がすんでて気持ちいい
運動しておなかが空くと朝ごはんが美味しいし
朝のフルーツが最高においしい!
お気に入りはオレンジ!
生活にリズムができて寝つきも良くなった気がするしね
よく寝るとお肌にもいいし♥
おデブが5kg減ったくらいじゃ誰にも気付いてもらえないけど
自分でもまだ実感はないなぁ
これくらい減ったハズなのに…
新米
ひとめぼれ
5kg
でもやっぱり嬉しい!!
メイクするのも楽しくなる♥
いいことずくめの美人になったつもり生活のように思えましたが…
ある日思わぬ落とし穴にハマることに
ただいま〜
ちょっと!!
玄関のカギ開けっぱなしだったよー
気をつけなきゃダメでしょ…
わっ
ドサッ

酒くさっ!!
なんだよ 美人は飲んだくれたりしない じゃなかったのかよ〜〜〜
むくり
あらおかえり〜♪
それがさぁ〜
Beer
駅前の酒屋でワインの試飲やっててさぁ
おねー一さんっ 一杯試してって
ソムリエのおばちゃんがすっごい気前良くて 色んなワイン飲ましてくれて…
ういっく
うん!これおいしい!
あらいけるクチねっ これも飲んで! 重めの赤よっ
ひっく
そんないっぱい飲んだからには 買わずに帰れないなぁ なんて思っちゃって
ついワインを1本買って ついつまみをあれこれ買って つい飲んじゃって
何が「つい」だが
おっとっと
トイレトイレ
フラフラ
もぉ〜っ
ここは片づけておくから もう寝なよ!
まったくぅ

翌朝
…というか昼近く
どよ〜〜〜ん
ズキズキ
やっちまったよ…
できあい惣菜つまみに家でつぶれるなんて絶対美人がすることじゃないよなぁ
今朝はウォーキングも行けなかった…
ゲップ
激臭
……
──でもホント言うと
ずっと飲みたかったんだよね…
実はこの1ヵ月食生活の見直しとともに断酒をしていた私
だって晩酌は美人っぽくないし
ごはんのおともは三年番茶
食事にはストレスはないけど
お酒飲めないのはさみしくて…
いかんいかん これまでのダイエットもお酒で失敗してきたんじゃないか!
ペチペチ
ごみ
昨日のごみ

というのも
やった! 60kg! あと5kg!
これまで いくら頑張って ダイエットしても
飲みはじめると ダイエットのことなんか どうでもよくなってきて
リミッター解除!!
飲むぞー! 食べるぞー!
ジュ〜
ジュ〜
すると体重計に 乗るのが怖くなり
うーむ
あ
そだ! 明日一日 断食してから 量ろう!
そろ〜り
でも翌日 結局ガマンしきれず 食べちゃって
ゲフー
今日も体重量るの 怖くなっちゃったなー
ポテト のりしお
スナック菓子
コンビニ弁当
焼鳥
こうして どんどん体重計から 遠ざかり…
カンパーイ
ポツン…
結局なしくずし的に ダイエットなんか やめちゃうんだよね
うんやっぱり アルコールは やめよう
飲まないに 越したこと ないもん
うんうん
でも未練タラタラ
ポカ

そんな ある日
おっ こんなところに 居酒屋が できたんだぁ
と
ふう〜ん メニューは どんなかな
潮 と と
パラ
お酒は飲まないけど 一応チェックだけね
ほろよい セットかぁ
¥980
ほろよいセット
旬の魚
冷奴
季節の小鉢
ごはん みそ汁 お新香
生ビール1杯
or
ビールかごはんか 選べるんだぁ 便利だねー
んん??
はっ
これだぁ!!
鮮魚・和食 潮とと
お酒飲んで〆に ごはんを食べちゃうと 美人っぽくないけど
キャー
高島礼子 みたーい
ゆっくりお酒だけ 楽しむのは 美人っぽいかも!
ガブ飲みは ダメだけど
女房 酔わせて どうする つもり?
ポッ
はぁ?

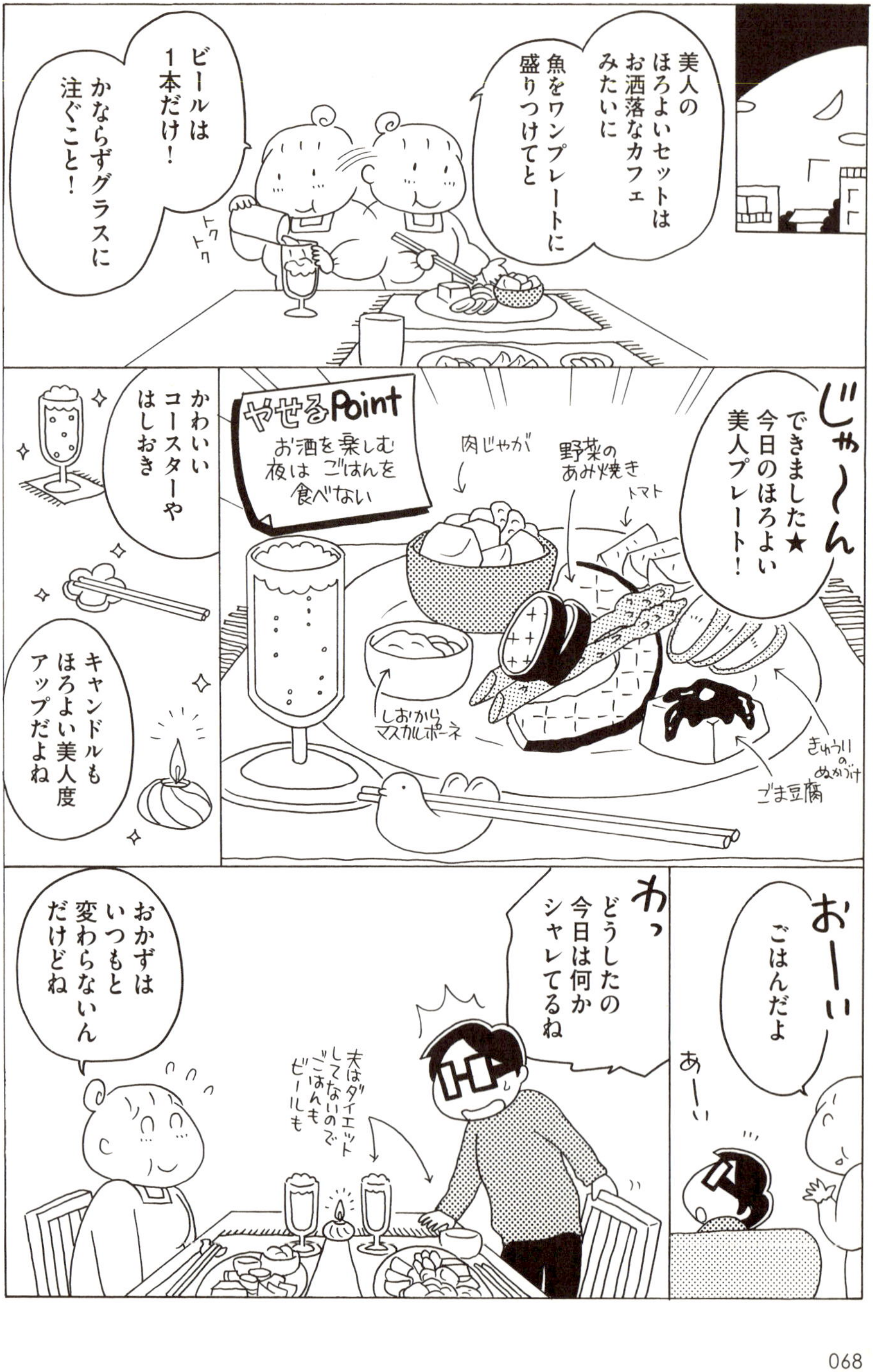
美人のほろよいセットはお洒落なカフェみたいに魚をワンプレートに盛りつけてと
トクトク
ビールは1本だけ！かならずグラスに注ぐこと！
じゃ〜ん
できました★今日のほろよい美人プレート！
やせるPoint
お酒を楽しむ夜は ごはんを食べない
肉じゃが
野菜のあみ焼き
トマト
しおからマスカルポーネ
きゅうりのぬかづけ
ごま豆腐
かわいいコースターやはしおき
キャンドルもほろよい美人度アップだよね
おーい
ごはんだよ
あーい
わっ
どうしたの今日は何かシャレてるね
夫はダイエットしてないのでごはんもビールも
おかずはいつもと変わらないんだけどね

かんぱーいっ☆
うーんっ
やっぱり飲めるのは嬉しいなぁ
おいしい♥
飲んべぇだなぁ
やせるPoint アルコールは味わっていただくのが美人！
でも1本だけだから味わってゆっくり飲もう
ゴク
そういえば私ビールってきちんと味わわず飲んでたかも…
グビ グビ
ごはんの合間に水の代わりにガブ飲みしてた
パク パク
しかも缶のまま
もったいないことしてたんだなぁ
毎日いっぱい飲むから安いの買ってたけど
今度は美味しいのを選んで買おう
これまで
Beer
¥78×5本 →¥390
これから
¥180
地方の地ビール極めてみるのもいいかもね〜♪
調子に乗るなよ〜
一番の敵アルコールを味方につけた私
ますます美人生活が楽しくなってきたのでした

スリム美人のおうちディナーは
ほろよい美人プレートで！
★ほろよい美人プレートのおやくそく★
① 大きめの皿におかずをお洒落に盛りつける
お皿にボウルや小皿を乗せて仕切るとお洒落！
② おかずは色どりやバランスを考えて！
トマト
パプリカ
グレープフルーツ
オレンジ
色の鮮やかな野菜やフルーツを入れよう！
③ アルコールは必ずグラスに注ぎ、缶1本かグラス1杯
Beer
※お酒を楽しむ夜は〆のご飯はひかえる
◇ほろよい美人プレート案◇
肉ジャガ
水菜とほぐしささみのサラダ
トマト
ゴマ豆腐
焼鳥
日本美人プレート
もやしとザーサイのあえものレタスのせ
ピータンの中華ネギだれ
春巻
シューマイ
プチトマト
チャイナ美人プレート
くるみとオレンジのベビーリーフサラダ
チキンとなすのトマト煮
マッシュルームのキッシュ
カマンベール
オリーブ
イタリア美人プレート
テーマを決めて作ると楽しいよ！
やっぱりおやつも食べたいっ！
美人おやつ案！
ソイラテ（コーヒー×豆乳）
カカオ80％以上のチョコレート
アーモンド
らっかせい
ほうじ茶
むきあまぐり
玄米茶にメープルシロップ
意外と美味しい組み合わせ
レンジでチンしたさつまいもにバターを少し乗せた
アップルシナモンティー

第九話

ダイエット成功のごほうびは、食べもの以外で

ううん
そーだなあ
でも服のせいか
よくわかんない
んもーーーっ!
ダイエットで
一番嬉しいのは
えーーっ
やせたねーっ
これよこれ!
それが一番の
ご褒美なのに
気付いてもらえ
ないなんて
ガッカリ…
そんなこと
言われても
あれ?
ご褒美と言えば
今までの
ダイエットって
ご褒美付きだった
よね?
今回は
ないの?
え?
ほら
"あと5kg減ったら
ご褒美に焼肉!!"
なんてよく
言ってたじゃない
行くときは声かけてよ
焼肉なら付き合うから
そ そうだっけ…
あ!
そうだった!
これまでの私は
ダイエットの
ご褒美には
いつも
食べ放題
だったんだ!
今日は
ご褒美
だから
吐いても
食べるぞー!
あ、あと
ハラミ2人前と
サガリ2人前!
MENU
そ、それは
美人っぽく
ない…

最初は
夏までに やせて 海行くぞー！
が目標だったのに
ビキニ着るぞ！
ぐっ
ぎゅるるるる…
やせたら 米と肉を たらふく 食べるぞ〜〜
徐々に 食べる目標に すりかわってたっけ
ビキニ着るぞ そして 焼肉!!!
極限まで食事を減らすダイエット
今思えば その考え方が 太るモトだし
そんな考えに なっちゃうような ダイエット法も まちがってた んだなあ
それに比べて 今やってる 美人生活は 焼肉だって 普通に食べ てるから
お肉と野菜は半々
ご褒美に したくなるほど 食べたいわけじゃ ないし…
あまり食べなくなった分、少しだけいい肉
お酒はマッコリ2杯
しめの冷麺やビビンバは食べない
むむぅ
食べ物じゃ ご褒美に ならない…
ん？

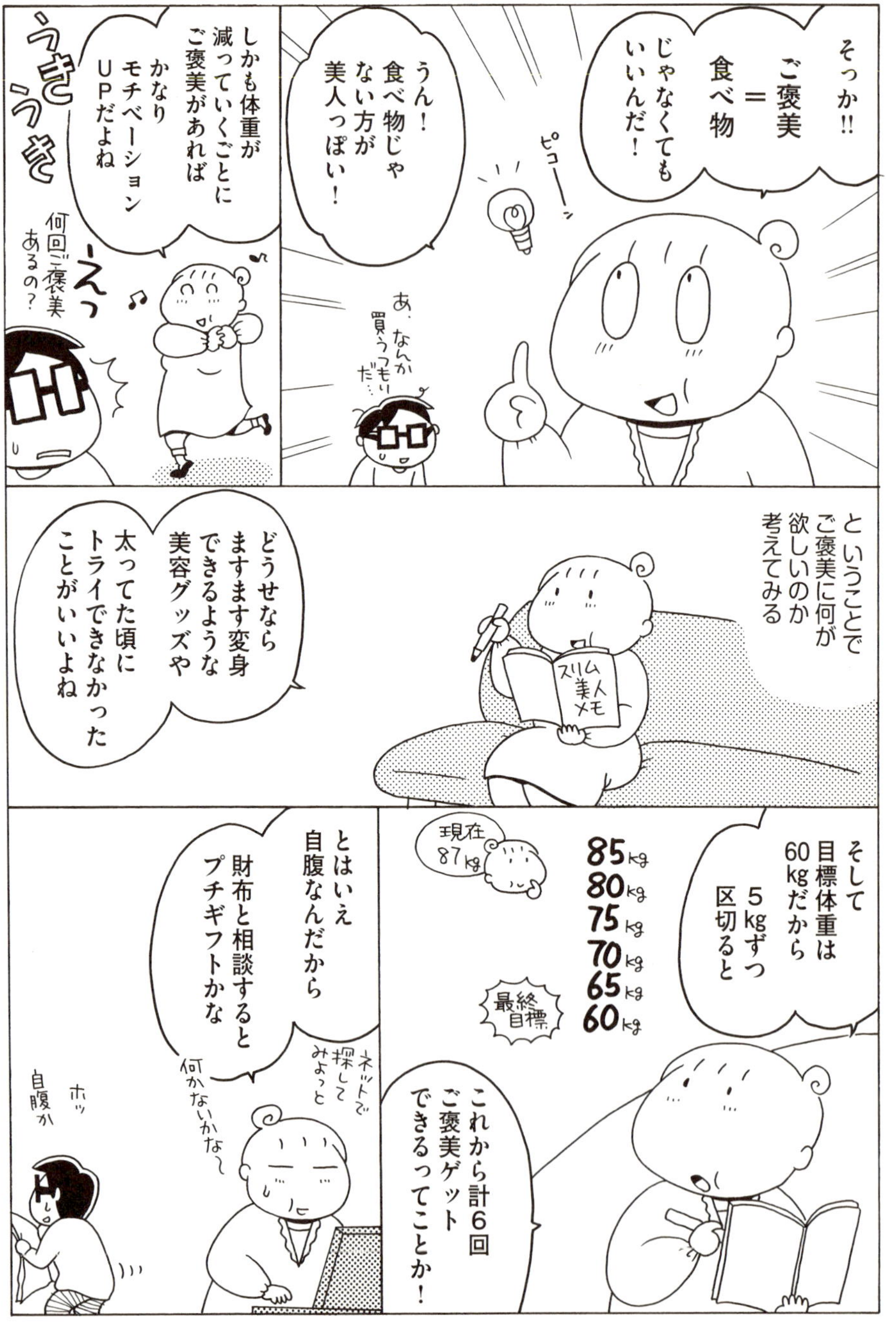
そっか!!
ご褒美＝食べ物
じゃなくてもいいんだ!
ピコーン
うん!
食べ物じゃない方が美人っぽい!
あ、なんか買うつもりだ…
しかも体重が減っていくごとにご褒美があれば
かなりモチベーションUPだよね
うきうき
えっ
何回ご褒美あるの?
ということでご褒美に何が欲しいのか考えてみる
スリム美人メモ
どうせならますます変身できるような美容グッズや太ってた頃にトライできなかったことがいいよね
そして目標体重は60kgだから
5kgずつ区切ると
現在87kg
85kg
80kg
75kg
70kg
65kg
60kg
最終目標
これから計6回ご褒美ゲットできるってことか!
とはいえ自腹なんだから
財布と相談するとプチギフトかな
ネットで探してみよっと
何かないかな〜
ホッ
自腹か

こうして考えた自分へのご褒美プチギフトは
85kgまで減ったらホットビューラー！
まつげをクルンとくせづけ♥
この部分が熱くなる
¥1980
※乾電池式
最近メイクするようになってから気になってたんだよね
80kgまで減ったらちょっとお高めフェイスオイル
試供品で使ってみたときから欲しかった！
ROSE M Premie Perle
小分けになってる
お！
個人輸入すると半額で買える！
ビバ円高！
75kgまで減ったら香水
クラシカルなびんの香水が欲しいな♥
おデブのスッピンには香水なんて似合わないと思って遠ざかってたからね
おデブに似合うのはデオドラントスプレー
シュー
70kgまで減ったら思いきってショートヘアに！
おデブスッピン短髪となるとオバサンかオッサンかわからなくなりそうだったけど
性別不詳
ってか小6の頃ショートにして和田アキ子って言われたっけな…
辺見えみりちゃんみたいな大人ショートが可愛い♥
美人生活していればショートヘアも夢じゃないかも！

65kgまで減ったら
脇の脱毛
急に色気のない話でスミマセン…
実は私今まで脱毛サロンに通ったことがない
エステサロンビュー
ただ今脱毛キャンペーン中でーす
ササササッ
最近はけっこーやってる女性が増えてますよね〜
なぜなら脱毛より痩身エステに勧誘されそうでエステに近寄れなかったから！
←単に思い込みだけど…
しかも二の腕を出すのが恥ずかしいので今まで脇が出る服を避けていて
ふ〜
あちー
処理が甘くても困らなかったから
1〜2日そらないのザラ
でもこれでノースリーブいけるわ〜
そして最終目標60kgまで減ったあかつきには！
そりゃ〜やっぱり…
友達と気兼ねなく温泉！
カポーーーン
でしょ
おデブな体を人目にさらしたくなかったけど やせたら気にせず楽しむんだー！

うわあ
体重減った上これを全部ゲットできたら
私本当に変身できるかも！
がんばる！
85→ホットビューラー
80→フェイスオイル
75→香水
70→ショートヘア
65→脱毛
60→温泉
やせるPoint
ご褒美はますます美人になれるものを！
次の日の朝
う～ん
いい天気！
美人になったつもり生活も今日から3ヵ月目
ウォーキングは3kmじゃものたりなくなってきたから
今日から5kmに増やそっと！
プチギフトですっかりやる気
のっし
のっし
取ってこーーいっ
えらいえらい
ハイご褒美
犬用おやつ
君と違って私のご褒美は食べ物ではないのだよ
フフフ
あと2kg減でホットビューラーゲットだ！ぱっちり目を頑張れ私！
?

ダイエットのモチベーションUPに!

自分にご褒美♥ プチギフト

これがあれば私はもっとキレイになれるかも!?

…と、思えるものを
目標体重をクリアする度に自分にプレゼント

目標	プチギフト
85kg	まつげをクルンとくせづけ ホットビューラー
80kg	ちょっぴりお高め!? フェイスオイル
75kg	クラシカルなボトルの 香水
70kg	思いきって… ショートヘアに!
65kg	夏にはノースリーブが着たいから 脇の脱毛
60kg	友達を誘って… 温泉!

これで目元美人に

うーん素肌美人
ROS 01

ふんわりバラの香りがただよう
美人になりたい

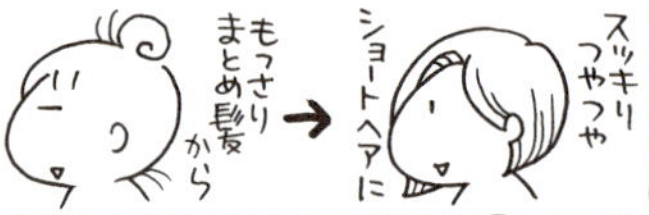
もっさりまとめ髪から
ショートヘアに
スッキリつやつや

OK!
これでプールもビーチも

気兼ねすることなく温泉を楽しめたら
引っ込み思案も卒業だね!

【第五章】
ダイエットが長続きするコツ、見つけた！

第十話

運動はナルシスト大作戦で行こう。

そんなある日
カー カー
今日の夕飯は何にしようかな
ん？
今なら
オープン記念
入会金無料
コナミンスポーツ
このビルの2Fスポーツジムになったんだ～
夕方6時でもけっこうにぎわってるもんだなー
へ～
コナミンスポーツ
薬のセイジュー
そういえばスリム美人のKちゃんも
会社帰りにジムでピラティスしてるよ～
って言ってたし夕方から運動する人割と多いのかも
あ！
そっか！私も別につらい思いして早起きしなくても
なんで気がつかなかったんだろう…
好きな時間にウォーキングすればいいのか！
やせるPoint
運動は無理のない時間帯で！
ということで翌朝は…
いつもより1時間遅く起床
ふあ～
よく寝た！
そして夕方時間が空いた時にウォーキングすることに
理想は〝朝もやの中〟だけど
これくらいの妥協は必要だよね

とはいえやはり
“ウキウキ楽しい”
とはいかず…
やっぱり地道に
もくもくと頑張る
しかないのかな～
お
ハッ
タッ
タッ
タッ
タッ
最近の
女性ランナーって
ファッショナブルで
かっこいいなあ
私もあんなウェアで
軽快に歩いて
みたーい♡
タッ
タッ
タッ
いいわねぇ
ピクッ
ジョギングや
ウォーキングしてる
女性って健康的で
ステキよねぇ
私もはじめようと
思ってはいるん
だけど…
なかなかねぇ
はじめるまでが
億劫よね
ピクピクッ
ススステキ!?
それって
もしかして…
かぁ～

私もその〝ステキ〟に入ってるのーー!?
キャ〜〜〜ッ♥
だばだばば〜
恐らくステキの大半はこちらの女性
そんなことがあってからウォーキングは〝おデブな私でも美人気分にひたれるステキな時間〟に!
むふふ♥
私もスリム美人の仲間入り♥
やせるPoint 運動中はナルシストになって自分をホメまくろう!
今日は調子いいからゆっくりだけど走ってみようかな
ポテ
ポテ
ポテ
でも!本当のウキウキは2カ月後にやって来たのです!
さ〜てお風呂入ろっと
ん?
あ あれ?鎖骨や肩回りが前よりずっとシャープになってる?
肩肉がスッキリ
鎖骨が見える
太ももの間に隙間が!
わあ
しかも太ももの間にちょっぴり隙間ができて引きしまった気がする!

これってやっぱりウォーキング効果だよね!?
大きく腕を振り
大股で早歩き
腰周りも落ちてきた
だってし
過去の食事制限だけのダイエットでは
こんな嬉しい変化はなかったもん!
どちらかというとしぼんでく感じだった
げっそり
このまま続ければホントにあのステキな女性ランナーみたいに
なれるような気がしてきたぞー!
がんばろっ!!
いつか私もあんなウェア買おっ♥
こうしてウォーキング&ゆるランニングは私の生活に定着していったのです
やせるpoint
体の変化に気付けば運動はもっと楽しい!!
そんな体験をしてからというもの
私 運動とかジム通いって続かないんだよね~
こんな人に会うと
ついつい力説してしまう私です…
とにかく2ヵ月続けてごらんよ!!
体が変わってくるとめっちゃ嬉しくて楽しくなってくるから!!
ずいっ
ねっねっ
だまされたと思ってさー!!
けっこー迷惑かも…
は、はあ
読者の皆さんっホントだからっとにかく2ケ月続けてごらんって!!

他にもあるよ

運動を続けるコツ！

① ジムやSNSで仲間を作ろう！

今日は5km歩いたよ！
うっ
私も頑張らなきゃ！

② 運動はいくつかピックアップしておこう

今日は雨だし気分を変えて
区営の温水プール行こう

③ カレンダーの丸印が100個たまったら…

今日もウォーキング完了！
キュッ
100個たまったらウェアを新調しよっと♥

第十一話

停滞期を乗り切る極意

長くダイエット続けると
どう頑張ってもなぜか体重が減らない時期が来るんだよ
なかなか減らないよ――っ!
それってもうずっと体重が減らなくなるの?
ううん
しばらくするとまた減りはじめるみたいなんだけど…
ダイエットの世界ではそういう時期を停滞期って言うんだ
実は私今まで
停滞期をちゃんと乗り越えたことないんだよね…
いっつも挫折しちゃって…
じゃあここからがふんばりどころってことかあ
がんばれ〜!
う〜ん
停滞期かぁ
これまでのダイエットでは
停滞期を脱出するために色々試してみたっけ…
やっぱり来たかぁ
JR 新宿
20才の頃リンゴダイエット中の停滞期では…
んも〜〜っ
1日3個リンゴ食べてたけどこうなったら
1日リンゴ1個だけにしよう
それならさすがに体重減るでしょ

やったぁ 500g減ったぁ
一時的には減る
ざっ
そり
でも やがて…
リンゴ1日 1個でも やせないし
ちょっと普通の 食事するだけで 太っちゃうよ〜
もはやどうすれば
やせるのかわかんなくなっちゃった
ジタ
バタ
結局そんな キツいダイエット 続かなくて
反動からか ドカ食い しちゃったり…
ドカ食いと いえば…
ドカ食いして 体をリセット すると
停滞期を 抜けられる んだって！
びみょうな情報
ホント
!?
じゃ今日はドカ食いデー！
こうなると もう食欲が 止まらなくて
ダイエットは グダグダになって 終わるんだよな
しかしっ！
今回はもう そんな失敗は しないはず！
なぜならっ
ぐっ
キツイ食事制限
ドカ食い
停滞期だからって 特別なことは しないっ！
って決めてたから！

今までの私は
停滞期が来ると
早くやせたくて
焦っちゃって
また減ってないっ
どぉしよ〜〜
このまま痩らなかったらイヤだ〜〜
オロ
オロ
私に食べ物見せないでっ
限界まで断食するつもりなのっ
あとさき考えない
極端な方法に
走ってしまって
つらさに
耐えられなくなって
結局挫折…
おデブ生活に
逆戻り！
あーもう
止まらない…
もきゅ
もきゅ
Beer
ダイエットは
辞めちゃうし
あげくの果てに
リバウンド
その結果が
ダイエット期と
おデブ期しかない
デブ・スパイラル人生
おデブ
挫折
今思えば
停滞期で焦ったのが
敗因なんだよね
だから私はもう
停滞期で焦らない
って決めたんだ！
ぐっ

今実践してる美人になったつもり生活は
食事はカロリーひかえめだけどストレスないし
先日ふと気になってカロリー計算してみたら一日1200〜1600kcalだった
おー！ダイエットにぴったり！
ホッ
ホッ
運動だってしてるんだから
続けてさえいればちゃんとやせられると思うんだよね
そそりゃ何の確証もないんだけどさ
うっ
そう考えるとちょっと不安になっちゃうなあ
このままやせなかったらどーしよ…
ドキドキ
はっ
ダメダメ！その考えが焦るモト！
ペチ
ペチ
とりあえず今はこのまま変わらず生活して
1カ月後も減ってなかったらそれはその時考えよっと！
美人は焦らずポジティブに♥
それから2週間は
う〜む
200g減ったり300g戻ったり
体重はずっと横バイ状態
78
77
76
75
74
もうすぐ1カ月が経とうとするある日…
あれ
ここ最近76キロを越えなくなってきたなあ

するとその数日後には…
やったぁ 75kg切った！
74.5kg
とうとう20kg減だぁ！
しかも先月より2％も体脂肪が落ちてる！
体重が減らない間も体の中は変わってたんだな
ごくろう！
いやって大変でしたよ〜
ああ 信じて待ってて良かったたぁ ありがとう美人の神様！
実は内心ハラハラしてましたーっ
ムッ
やせるpoint 停滞期はぜ〜ったい焦っちゃダメ！
でもこれでまた少し自信がついたぞ
停滞期ももう怖くないし！
ジュ〜
美人を目指すのに期限はいらない むしろゆっくり身も心も美人に近づいていこう
ん〜〜！っ
今日のごはんもおいしいっ！
しあわせ〜っ
と心に誓ったのでした

ぽん流 空腹のまぎらわせ方

おなか空いたよー

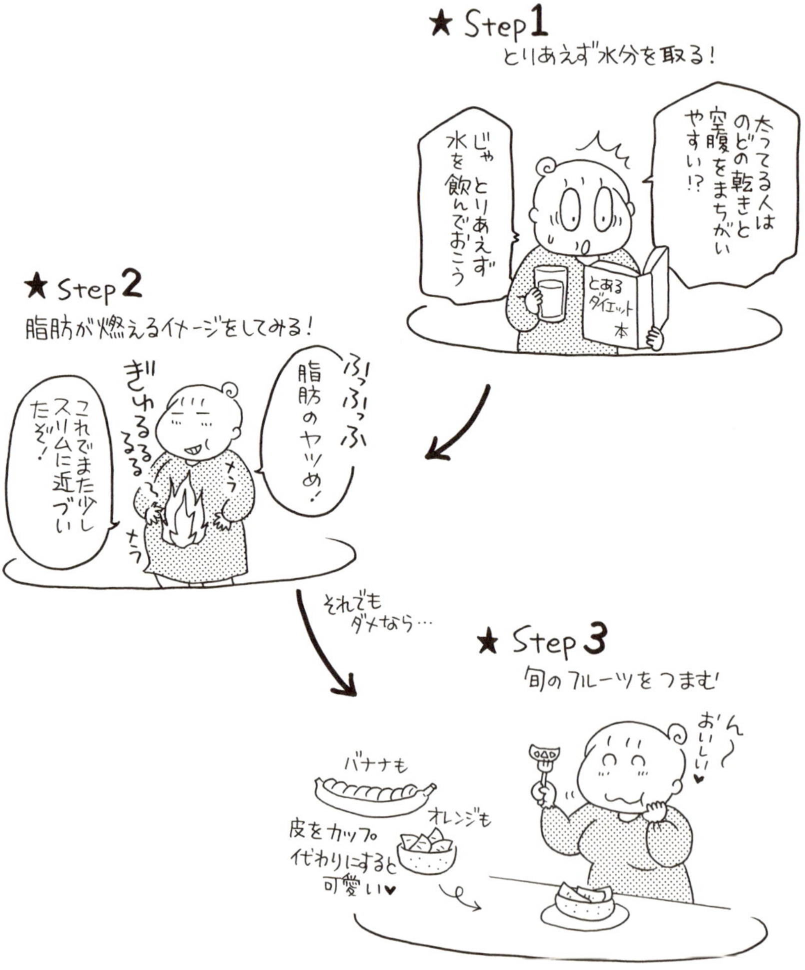
★Step1
とりあえず水分を取る！
太ってる人はのどの乾きと空腹をまちがいやすい!?
じゃとりあえず水を飲んでおこう
とあるダイエット本
★Step2
脂肪が燃えるイメージをしてみる！
ふっふっふ 脂肪のヤツめ！
ぎゅるるるる
メラ
メラ
これでまた少しスリムに近づいたぞ！
それでもダメなら…
★Step3
旬のフルーツをつまむ
おいしい～ん♥
バナナも
オレンジも
皮をカップ代わりにすると可愛い♥

第十二話

旅先のドカ食い、どうする!?

うんまぁ〜
プッハー
んもう！
北海道
最っ高っ!!
すみませーん
追加で
サッポロビール
1丁とー
ねっねっ
追加であと
何頼む〜!?
ジャガバタ？
カニミソ？
ホタテもいいな〜
MENU
プハー
もうおなか
いっぱーい！
私も〜
ぽんちゃん
食べたかったら
頼んでいいよ
私 あったかい
お茶欲し〜い
はっ
もも
もしかして私…
今 おデブの頃に
逆戻りして
ドカ食い
しちゃってた!?
…
ヤバい

旅先に来ると特産品を食べないともったいない気がして
ついあれこれ食べすぎちゃうし
ご当地メニュー食べなきゃ損!
普段買えないおみやげもどっさり買って帰ろう
牛タン
スモーク
日常生活を忘れちゃって
ダイエットそっちのけになりがちなんだよね
恐るべし旅行っ!!
むむぅ
私のおデブ体質はまだまだ根深いんだなあ
反省反省…
チロリロリ〜ン
ん?
ふふふっ
どしたの?
私ブログやっててさ今食べたお料理の写真をUPしたら
さっそくブログの友達からコメントついたんだけど…
北海道でのごはんとってもおいしそ〜!それにしてもスゴいボリューム!!食べすぎ注意だね★
本当に今日は食べすぎちゃったから
思わず笑っちゃった〜
あはは
バレてる―
ぐうっ
やっぱり他人から見ても今日の食事は量が多かったか…
あ!

そっか！私も旅先では人気ブロガーになったつもりで
あら可愛いスイーツ♥
パシャ
↑想像の人気ブロガー
ブログに写真をUPしてもはずかしくない量や内容の食事を
…いや！
むしろ美人ブロガーっぽいステキな感じの食事を意識すれば食べすぎを防止できるかも！
〇月×日
タイトル/北海道旅行①
今日のランチは女性に人気のヘルシーなレストランで
スイーツまで野菜でできていてキレイで美味しかった！
よし！
今度から旅先での食事やおやつは食べる前に必ず写真を撮って
美人っぽいかどうか確認することにしよう…
やせるPoint
旅行先の食事は写真を撮って客観的に見てみよう！
だらけやすい帰省にも応用できそう
だが反省すべきはこれだけではなかったのだ！
翌朝
ねえねえ朝食サービスあるみたいだけどどうする〜？
2Fホールで9時までだって
インフォメーション
私パス！
夕べ食べすぎてまだおなか空いてないな〜
行きたい人で行ってきて〜
出たっ！スリム美人の驚異の腹もち！
INN

私もいいや〜
昨日の披露宴からごちそう続きで太っちゃいそうだし
えっ
U子ちゃんみたいなスリム美人でも太ること気にしてセーブすることあるんだ!?
スリム美人は自然と少食なのかと思ってた…
そりゃあるよ!!
何言ってんの!
食べすぎた日の翌日は軽めの食事にするって決めてるの
そうすれば私の場合体重キープできるんだ!
ちょっと長めにエクササイズしたりするよ
やせるPoint
食べすぎても焦らず翌日の食事で調整しよう!
へ〜
私もマネしよう!
いいこと聞いちゃった
わかる〜!私もそうだよ
今日は野菜が少ない食事だったなーと思ったら
次の日は野菜中心の食事にするし
私はスキンケアだな〜
昨日は目元ケアしたから今日はデコルテケアとか
キラキラ女子トーク
ほほう
メモメモ
持つべきものはスリム美人の友達
ますます美人の生態に詳しくなった私なのでした

エピローグ、その前に

美人になったつもり生活、1年間すごろく

1ヶ月後
−5kg
5kg減ったけど周囲は誰も気がつかない…
ちょっとさみしい…
脇の下にもお肉が！
おなかに胸が乗る
太ももの間に隙間がない
体重95kg→90kg(−5kg)
体脂肪率52%→48%
1 month
2ヶ月後
トータル −8kg
あちこち細くなってきたのをなんとなく自覚できるように
Tシャツのそでに余裕ができた
胸が少し小さくなった
体重95kg→87kg(−8kg)
体脂肪率52%→45%
2 month
7ヶ月後
トータル −19kg
友達に
あれ？ちょっとやせた？
と、なんとなく気付いてもらえる
うれしい！
階段を昇る時
体が軽くなってきた実感が！
ウエストがなだらかなカーブに
体重95kg→76kg(−19kg)
体脂肪率52%→32%
7 month
8ヶ月後
トータル −22kg
90kg台の頃はりていたレギンスの中で足が遊ぶようになってきた
うわ
ももひきみたいっ
さすがに下着類は買い替えた
くつがゆるくなった
体重95kg→73kg(−22kg)
体脂肪率52%→32%
8 month
9ヶ月後
トータル −24kg
指輪がゆるくなった
13号
11号
肩がシャープになった
この頃、ウォーキングでダンベルを持つようになり、二の腕に筋肉がついてきた
ぐっと力を入れると筋肉が分かる
体重95kg→71kg(−24kg)
体脂肪率52%→31%
9 month
10ヶ月後
トータル −25kg
この頃には
やせたね！
と、言われるように
首が長くほっそりして見える
おなかに段がなくなってきた
太ももの間に隙間が!!
体重95kg→70kg(−25kg)
体脂肪率52%→30%
10 month

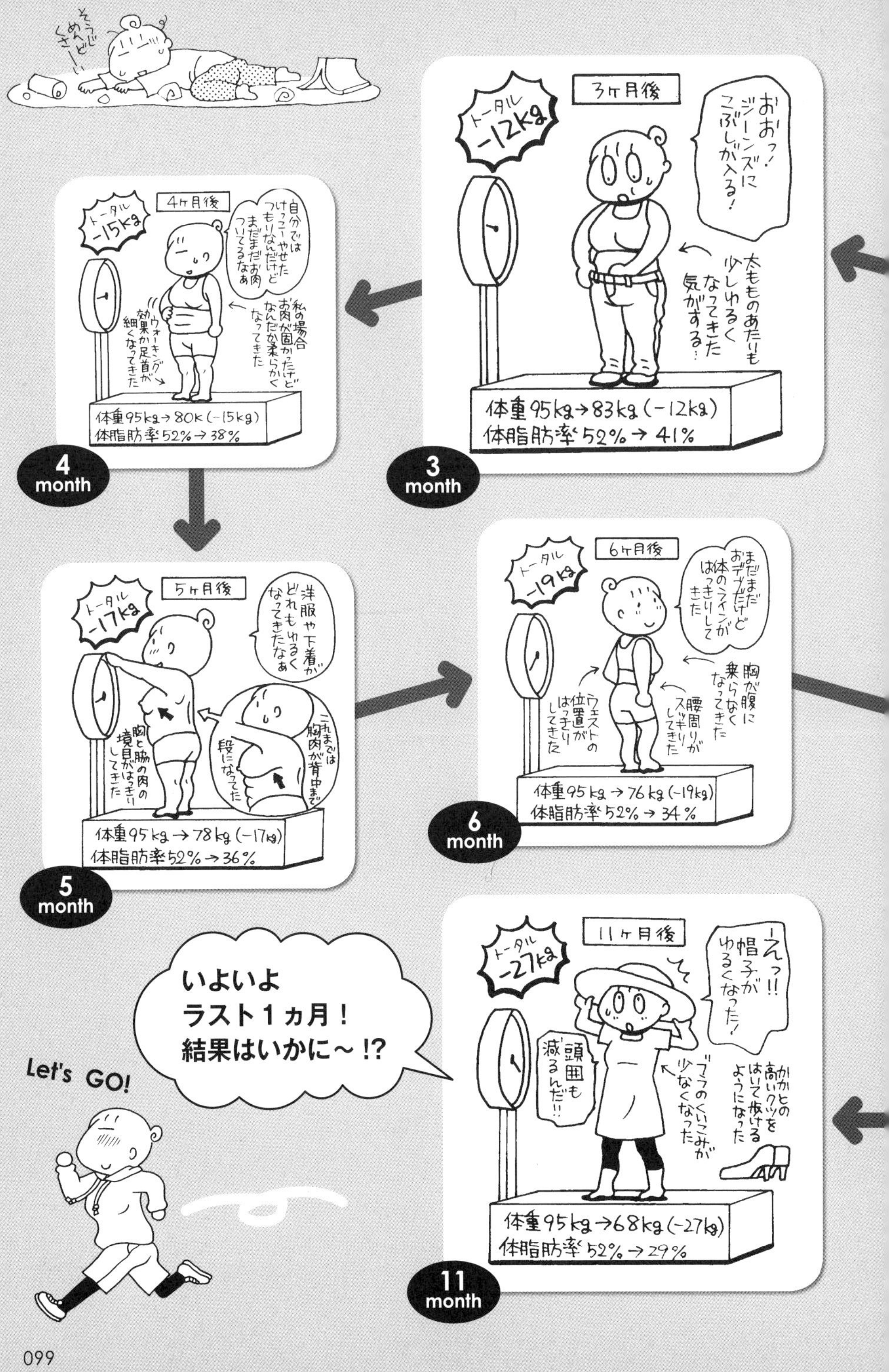
そうじめんどくさ〜い
3ヶ月後
トータル −12kg
おおっ！ジーンズにこぶしが入る！
太もものあたりも少しゆるくなってきた気がする…
体重95kg→83kg（−12kg）
体脂肪率52%→41%
3 month
4ヶ月後
トータル −15kg
自分ではけっこーやせたつもりなんだけどまだまだお肉ついてるなぁ
私の場合お肉が固かったけどなんだか柔らかくなってきた
ウォーキングの効果か足首が細くなってきた
体重95kg→80k（−15kg）
体脂肪率52%→38%
4 month
5ヶ月後
トータル −17kg
洋服や下着がどれもゆるくなってきたなぁ
これまでは胸肉が背中まで段になってた
胸と脇の肉の境目がはっきりしてきた
体重95kg→78kg（−17kg）
体脂肪率52%→36%
5 month
6ヶ月後
トータル −19kg
まだまだおデブだけど体のラインがはっきりしてきた
胸が腹に乗らなくなってきた
腰周りがスッキリしてきた
ウエストの位置がはっきりしてきた
体重95kg→76kg（−19kg）
体脂肪率52%→34%
6 month
11ヶ月後
トータル −27kg
えっ!! 帽子がゆるくなった！
頭囲も減るんだ!!
ブラのくいこみが少なくなった
かかとの高いクツをはいて歩けるようになった
体重95kg→68kg（−27kg）
体脂肪率52%→29%
11 month
いよいよラスト１ヵ月！結果はいかに〜!?
Let's GO!

エピローグ

ダイエット宣言はもういらない!

ホントに…
ホントに私
ここまで
来られたんだ〜っ
65kgなんて
何年ぶり
だろう〜〜〜っ
そういえば
ジーンズが
こ〜んなに
ブカブカ!
あっ
ダイエット食品のCMみたいっ!
ベルトでしめてはいてた
ももしかして
そろそろ…
通販の
〝股ズレ防止布付き
ジーンズ〟を
卒業できる日が
来たのかもっ!!
ココが分厚くなってるやつ
ということで
さっそく
ジーンズショップへ
ウニクロ
ドキ
ドキ
お店で洋服を
買うなんて
久し振り…
ドキ
とりあえずXLとLを試着してみよう
XL
L
ドキ
これくらいなら
私でもはけるかな
試着…して
みようかな
ドキ
ドキ

試着室
では
イザッ!!
ドキ
ドキ
ドキ
するん
ぐいっ
うおっ
太ももでひっかからないっ?!
はけた〜っ
やったあ〜
というか
太ももやおなか回りに
若干余裕があるんだけど——っ
これなら
Lでもいけるかな?
色柄も
好きなの
選べるよね
じいいいいん
この私が
“着られる服”じゃなくて
“着たい服”が
選べるなんて…
嬉しすぎるっ!!
ぎゅう

へへへ
新しいジーンズ2本買っちゃった
「着て帰ります」と、値札を取ってもらった
ウニクロ
ああ… 自分をおデブだって思わなくていい生活って
なんて気分が楽なんだろう…
おデブの頃みたいに自分を卑下したり 引っ込み思案にならずに済むから
街を歩くことすらすがすがしい気分
とはいえまだまだぽっちゃりな私
Cake
目標体重の60kgまであと約-5kg
これからも焦らずゆっくりと
ついガラスに映った自分を確認しちゃう♥
今日はちょっと遠回りして帰ろうかな!
こういうプチ運動するのもスリム美人への近道だよね
〝美人になったつもり生活〟を続けていく予定です

これができれば必ずスリム美人に近づける！

美人になったつもり生活をホントにやってみよう～！

・まずは自覚しよう！

仕事のストレスのせいだし
時間なくて運動できないし
仕方なく太っちゃったんだもん
私がおデブなのは食べぐせや遺伝のせいだし
こんな"○○のせいで太ってる"的な言いわけを一旦全部捨てて…
太ったのは私のせいだから私が変わればやせられる！
と、宣言してみる！

・身の周りのおデブさんやスリム美人を観察してみよう！

食べ方や飲み方
お洒落やメイクスキンケア
休日の過ごし方や話題・趣味・好みなど細かく観察してみよう！
メモメモ！

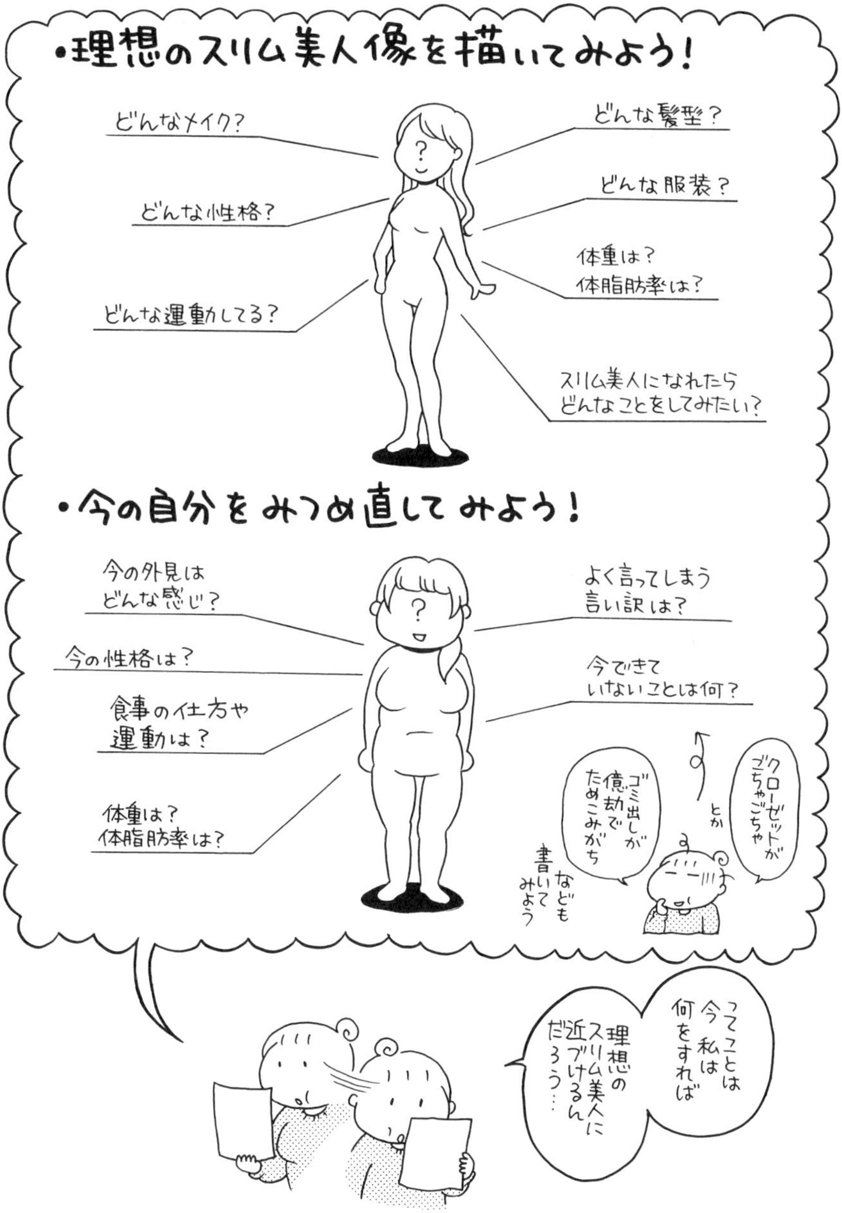
●理想のスリム美人像を描いてみよう！
どんなメイク？
どんな髪型？
どんな服装？
どんな性格？
体重は？
体脂肪率は？
どんな運動してる？
スリム美人になれたら
どんなことをしてみたい？
●今の自分をみつめ直してみよう！
今の外見は
どんな感じ？
よく言ってしまう
言い訳は？
今の性格は？
今できて
いないことは何？
食事の仕方や
運動は？
体重は？
体脂肪率は？
クローゼットがごちゃごちゃ
とか
ゴミ出しが億劫でためこみがち
なども書いてみよう
ってことは今私は何をすれば理想のスリム美人に近づけるんだろう…

●今、何を変えるべきか考えてみる

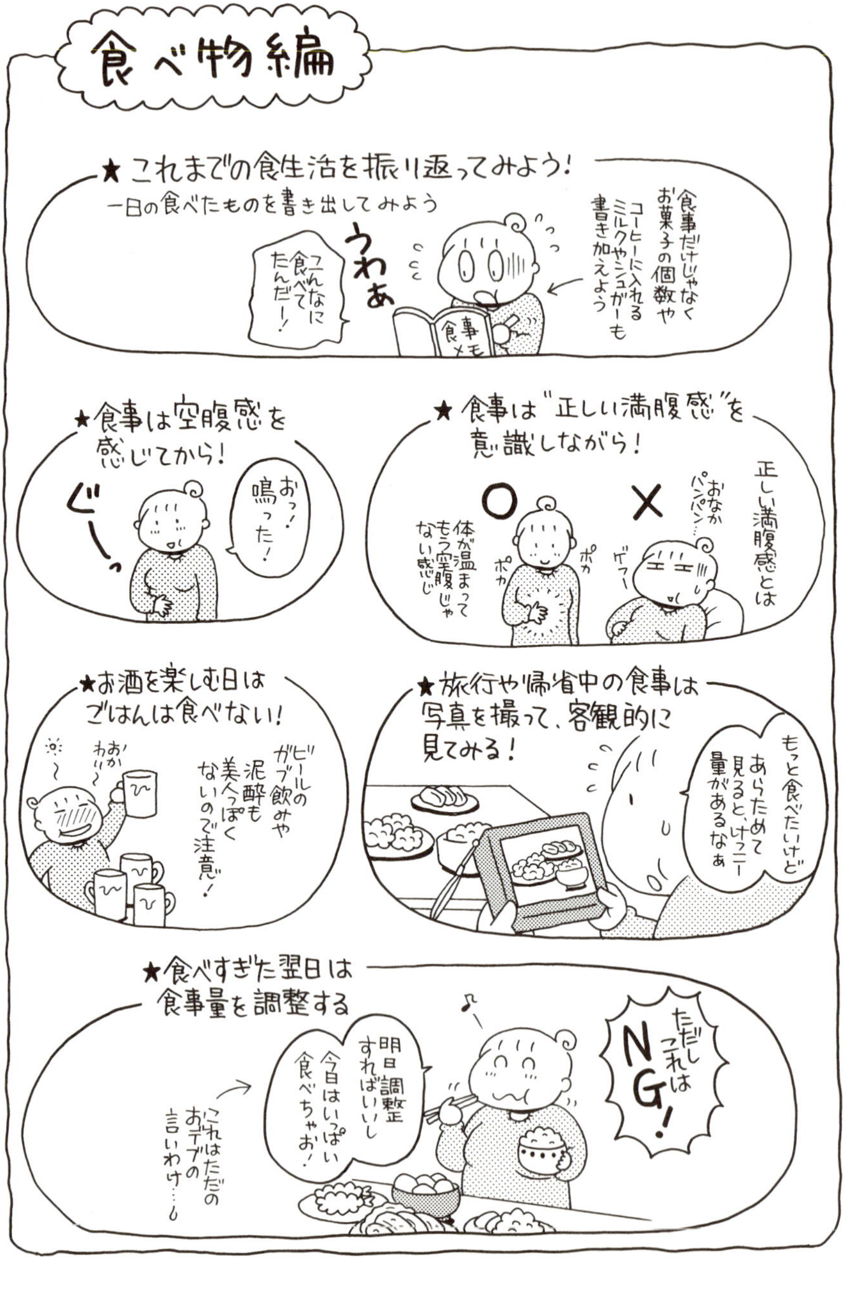
食べ物編
★これまでの食生活を振り返ってみよう！
一日の食べたものを書き出してみよう
食事だけじゃなくお菓子の個数やコーヒーに入れるミルクやシュガーも書き加えよう
うわぁ
こんなに食べてたんだー！
食事メモ
★食事は空腹感を感じてから！
ぐ〜っ
おっ！鳴った！
★食事は"正しい満腹感"を意識しながら！
正しい満腹感とは
体が温まってもう空腹じゃない感じ
ポカポカ
おなかパンパン…
ゲフー
★お酒を楽しむ日はごはんは食べない！
おかわり〜
ビールのガブ飲みや泥酔も美人っぽくないので注意！
★旅行や帰省中の食事は写真を撮って、客観的に見てみる！
もっと食べたいけどあらためて見ると、けっこー量があるなぁ
★食べすぎた翌日は食事量を調整する
明日調整すればいいし今日はいっぱい食べちゃお！
これはただのおデブの言いわけ…
ただしこれはNG！

生活編
★ご褒美は
ますます美人になれる
アイテムを自分にプレゼント！
ポイントは
ただ単に欲しいものではなく
これがあれば私は変われるかも――っ!!
と、いう物をチョイスすること
まつげエクステ
★体重が減らないとき
（停滞期）も特別な
ことはしない
今まで通り美人になったつもり生活を続けよう
ぐっ
焦らない焦らない
※1ケ月以上も変化がない
または、体重が増えるようなら
食事と運動の量を見直す

運動編
ジムやSNSで運動仲間を作ると、励みに！
無理のない時間に運動する
運動中はナルシストになって自分をホメまくる！
運動する私ってスリム美人
運動が日課になったら、ウェアなど新調してみる
体の変化に気付けばもっと楽しくなる
※体脂肪率や太ももの変化などメモしておくと体の変化に気付きやすい
運動はいくつかピックアップしておく
雨の日は区営プール

これが
極意
美人になったつもり生活の7ヶ条
一つ、美人はおなかが空いたら好きなものを楽しんで食べ満たされたら食すのをやめるべし
二つ、美人は適度な運動を日課にすべし
三つ、美人は日々お洒落やメイクを楽しむべし
四つ、美人は髪、爪、歯、肌のケアを怠るべからず
五つ、美人は人に優しく自分の体や心もいたわるべし
いつでも見られる所に貼っておこう!
六つ、美人は好奇心を忘れず、学びや遊びを楽しむべし
資格
やりなおし英会話
七つ、行動に迷ったら「美人だったらどうするか」を考えるべし
Beauty

美人になったつもり生活では
“やせる”以外にも こんな良いことが！
① 部屋がちらからない
片づけが習慣化する →
美人は使いっぱなしにしないはず！
② 食費がかからなくなった
おデブの頃は食費が月7万円だったけど
今は月4万円になった！
スゴーイ！
※二人家族
③ 夫婦・友達など人間関係が良くなった
夫にガミガミ言わないのが美人！
それでさー
聞き上手が美人
うんうんそれでー？
ニコニコ
④ 体調が良くなった
バランスの良い食事と運動で毎日スッキリ！
めざめぱっちり！
⑤ 周囲の人が優しくなった（…気がする）
自分から人にほほえみかけることができるようになったからかもしれない
人は鏡というしね

スリム美人になったつもり生活のごはん大公開！

★いつものごはん★

朝
オレンジ
ヨーグルト
たっぷりミネラルウォーター
昼
ブラックコーヒー
ベーグルサンド
(ハム×チーズ×レタス)
いちご3つぶ
夕
山盛りレタスサラダ
なすのトマト煮チーズのせ
ポテト
サバのハーブバター焼き
ゆでブロッコリー
糖質ゼロビール
350ml×1本
冷凍しておいた玄米おにぎりとみそ汁常備菜などですますことも

★食べすぎちゃった日の翌日はこんなごはん★

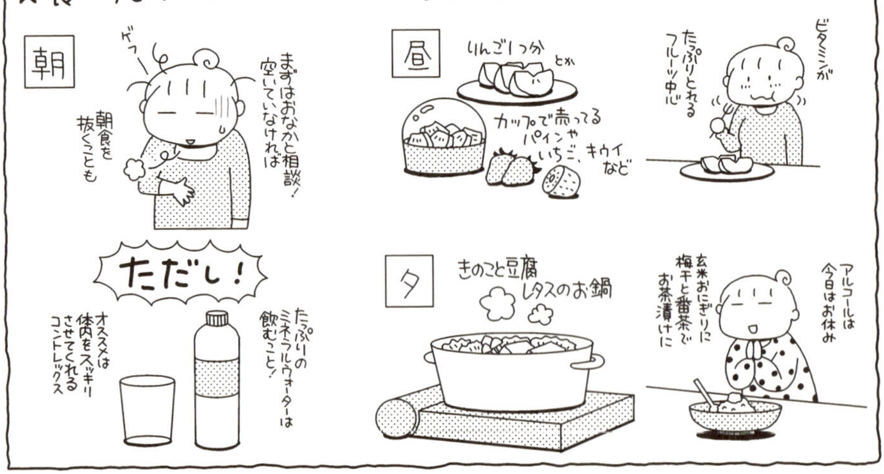
朝
ゲフッ
まずはおなかと相談！
空いていなければ
朝食を抜くことも
ただし！
たっぷりのミネラルウォーターは飲むこと！
オススメは体内をスッキリさせてくれるコントレックス
昼
りんご1つか とか
カップで売ってるパインやいちご、キウイなど
ビタミンがたっぷりとれるフルーツ中心
夕
きのこと豆腐レタスのお鍋
玄米おにぎりに梅干と番茶でお茶漬けに
アルコールは今日はお休み

★週末、時間があるときはがんばってステキごはん★

ブランチ
ホットサンドと温野菜
ホットサンドには目玉焼きを入れると満足度UP!
ケークサレ(塩味のお食事ケーキ)2切れほどと、ツナのサラダ
冷凍保存できるから便利!
アイオリポテトバゲットのせ
スパニッシュオムレツ
この他にも軽いお食事に向いているスペインのタパス料理など
参考にするとお洒落で美人っぽいかも!
ディナー
じっくりコトコト煮込んで作る牛肉の赤ワイン煮
もちろん赤ワインにピッタリ!
タコスミートを作って…
ライスにのせてタコライス!
レタスタメだとヘルシー!
タコシェルにのせて
メキシカンタコス!
たまにはじっくり作ったステキごはんで美人気分UP!

★手づくりおやつにも挑戦してみたよ★

こんなあっさりスイーツならダイエット中も楽しめるかな〜と思って作ってみました

豆乳くずもち

プルン
日本茶のおともに

① くず粉60g、きび砂糖80〜100gを豆乳450mlで溶き、中火でもったりするまでまぜる。

② まんべんなくとろみがついたら型に流し冷やす。

③ 冷えて固まったら取り分け、黒ゴマソースなどをかけていただく。

フルーツソースをかけてもおいしいよー!

茉莉花茶ゼリー・フルーツのせ

キラキラしてキレイ!
おすすめフルーツはデラウェアなどのブドウ♥

① 市販のペットボトル入りジャスミンティー280mlに砂糖大さじ2を加えて鍋にかける。

② ふやかしたゼラチン5gを加えて溶かす。

③ あら熱がとれたら型に流して冷やし固める。

④ できたゼリーを崩しながら器に盛りきざんだフルーツを散らす。

こうすれば食べすぎない!

外食テクニック

① 食事の写真を撮って、食事量を客観的に見てみよう!

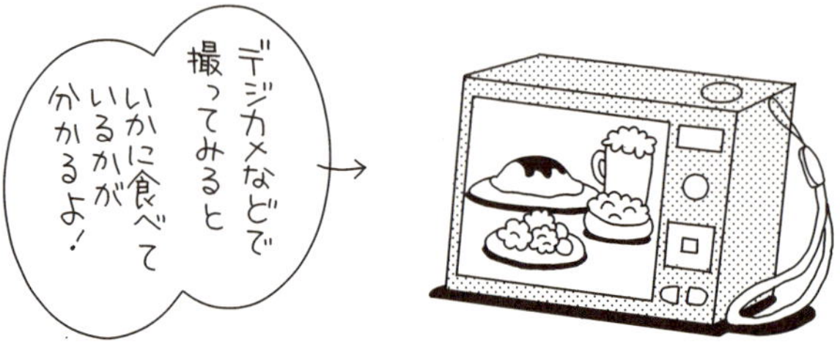
デジカメなどで撮ってみるといかに食べているかが分かるよ!

② 外食するときは自分が持っている洋服の中で一番女性らしいステキな服を着よう!

やけ酒につながるようなグチはNG!楽しい話題を意識する
とっておきの服を着るとガッガツ食べたりビールをガブ飲みする気が起こらなくなる
お手洗いに行ったときはきちんと口紅をひき直すと美人気分がひきしまる
マナーを守って美しく食べると食べすぎない

③いつもよりお高めの店をチョイス！

価格が安いと、ついたくさん注文してしまいがち…
でも、少々お高めの店なら

本当に食べたいものを吟味して注文して予算内で食事せざるをえないのでダイエット向き
う〜む
MENU
鶏わさは捨てがたし…

④たとえ居酒屋でも、"コース"みたいに食べてみる

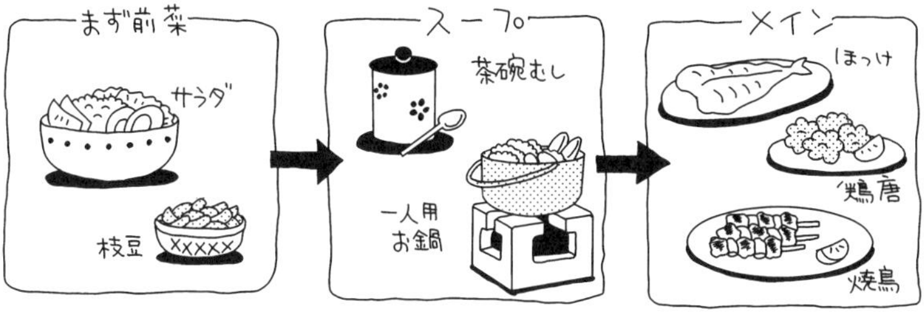
まず前菜
サラダ
枝豆
スープ
茶碗むし
一人用お鍋
メイン
ほっけ
鶏唐
焼鳥

メインを食べる頃にはおなかがふくれてきて食べすぎ防止に！

⑤飲み会ではスリム美人のとなりに座る！

お手本があれば楽ちん！

うむ もっとゆっくり飲もう
チラ

大食い・大酒飲みの人との飲み会は避けた方が無難…

そんな人との会食は個別に注文できるランチがおすすめ

どーしても断れなくて…

食べすぎちゃった！

そんな日のアフターケア方法

トクトクトク

ダイエット中に食べすぎちゃうと…
体重計乗るの怖い…
ドキ
ドキ
現実逃避
私ってなんて意志の弱い人間なんだ…
自己嫌悪
昨日食べたから今日は断食!!
ぎゅるるるる〜
過激な方法に走る

もしくは…

今までガマンしてた分
もう止まらない〜
ガッ
ガッ
食欲に歯止めがきかなくて
ドカ食い

これまで何カ月も頑張ってきたのにたった一度食べすぎたくらいで
バリバリ
ボリボリ
リバウンドまっしぐら…
なんてことにならないために!

たった一度や二度食べすぎたからって
なしくずしにダイエットをやめてしまわないための…

アフターケア3ヵ条

① 怖がらずに体重を量ろう!

フフフ
1.5kg増か～
想定の範囲内
ですよ
ドーンと
かまえて
体重を
量ろう!

食べた分増えるのは当然。1～2kgも
増えてることも! でも翌日から
ケアすれば意外とすぐ取り戻せる!

放ったらかしが一番怖い!!

② 水と野菜(食物繊維)を摂っておなかをスッキリさせよう!

前日のお酒のむくみや
食べた物が体外に出てしまえば
すっかり元の体重に戻ることも!

食事は野菜中心で
どっさりウンちを
出しちゃおう!
半身浴で
汗を
かくのも
オススメ

③ いつも通りの運動を!!

今日も
いつも通り
ウォーキング
5km!

増えた分を早く減らしたくて
ついつい過剰に運動したくなるけど
無理するとつらくなるので、あくまでも
"いつも通りの運動"をすること!

食べすぎても、いかに早く
スリム美人生活のペースを取り戻せるかが
ダイエット成功の**カギ**!

ダイエットが続く！

自分だけのおまもりを作ろう！

用意するもの

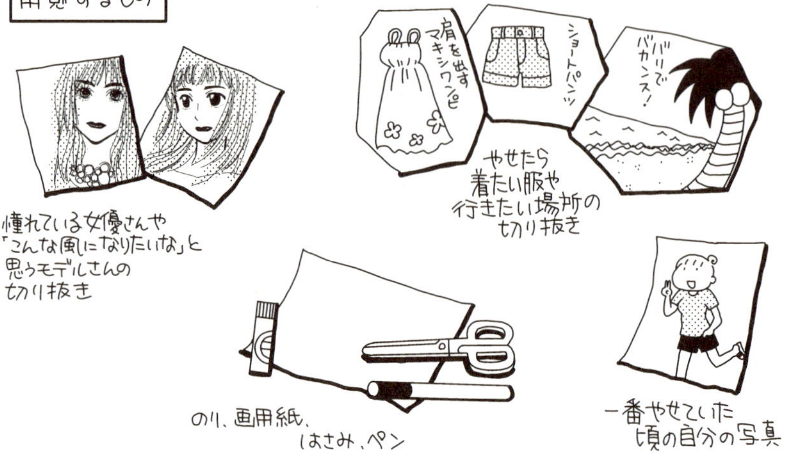
肩を出すマキシワンピ
ショートパンツ
バリでバカンス！
やせたら着たい服や行きたい場所の切り抜き
憧れている女優さんや「こんな風になりたいな」と思うモデルさんの切り抜き
のり、画用紙、はさみ、ペン
一番やせていた頃の自分の写真

作り方

① 画用紙に切り抜きを貼る

余白を空けておいてね！
まずは憧れの女性の切り抜きをドーンと貼って…
複数ももちろん可
ショートパンツ
一番やせていた頃の自分の写真も忘れずに…
肩を出すマキシワンピ
バリでバカンス
着たい服や行きたい場所の切り抜きをランダムにペタペタ貼っていこう！

② 今までの自分の人生の中で、「達成したこと」を思い出してみる。

私の場合 5年前に禁煙に成功して以来1本も吸ってない!
私だって やればできることが あるんだもんね!

③ ①の画用紙に②の「達成したことを書き加える

5年前、禁煙に成功したときみたいに
今回のダイエットも絶対やりとげることができる!!!
こんな風になりたい!
大人可愛くはきこなしてみたい!
ショートパンツ
この頃よりやせるぞー!
肩を出すマキシワンピ
バリでバカンス
-30kg!
明日の私は、今日の私よりキレイ!!
達成したこと 成功したことは 多ければ多いほど 励みになるよ!
私の場合
年齢を重ねてもとってもカワイイ平子理沙さんが憧れ♥
目標体重や自分を盛り上げるスローガンを考えて書きそえる!

④ できたものを携帯で写真を撮ったり、コピーしたりしていつでも見られる自分だけのおまもりにする。

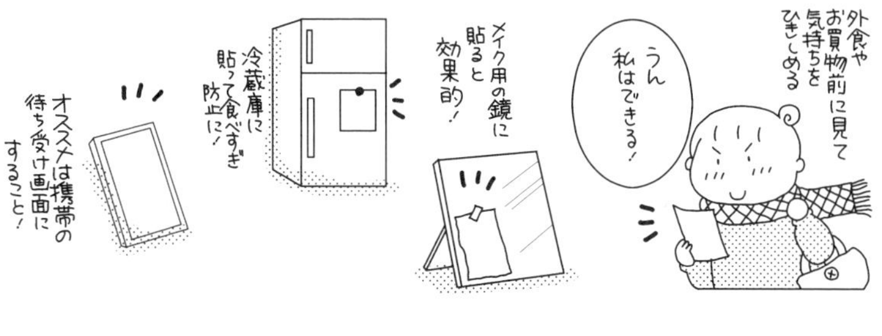
外食やお買物前に見て気持ちをひきしめる
うん 私はできる!
メイク用の鏡に貼ると効果的!
冷蔵庫に貼って食べすぎ防止に!
オススメは携帯の待ち受け画面にすること!

あとがき

数多くのダイエット本の中から
この本を手に取って下さって
本当にありがとうございました。

2012年から始めた
美人になったつもり生活も
1年が過ぎ、気が付けば私の体は
毎月少しずつスリムになっています。

ダイエットとして始めた
美人になったつもり生活でしたが
今ではすっかりなじみ
ダイエットや食事制限という感覚ではなく
生活習慣として定着しつつあります。

リバウンドを繰り返してきた
私に一番必要だったのは
「やせる方法」よりも
「太らない生活」だったのかもしれません。

最近夫もマネして〝美男になったつもり生活〟実行中
なんと3ケ月で10kg減!!

ダイエット前は正直
「もうやせられないかも…」と思っていた私ですが、
この1年が
「この先もずっとおデブ」と
「この先はスリムに変身！」の
分岐点だったような気がします。

現在65kg、まだまだスリム美人とは言えない私。
これからも美人になったつもり生活を続けて
スリム美人を目指すつもりです。

最後になりますが、この本を執筆するにあたり
協力してくださった方々、
本当にありがとうございました。

すべての同志の皆さんへ
グッドラック！

きっと大丈夫!!

わたなべぽん

今65kgだけど
あと5kgは
減らすぞー！

メディアファクトリーの
コミックエッセイ

スリム美人の生活習慣を真似したら 1年間で30キロ痩せました

2013年 2月1日　初版第 1 刷発行
2013年 11月5日　　　第 10 刷発行

著　者　わたなべぽん

発行者　三坂泰二

編集長　松田紀子

発行所　株式会社KADOKAWA
〒102-8177　東京都千代田区富士見 2-13-3
03-3238-8521（営業）
編集　メディアファクトリー　コミックエッセイ編集部
0570-002-001（カスタマーサポートセンター）
年末年始を除く平日 10：00 ～ 18：00 まで

印刷・製本　株式会社光邦

ISBN978-4-04-066410-1 C2077

ブックデザイン　坂野弘美

撮　影　小田光二

ヘアメイク　小菅美穂子

ブルン
ブルン
ホッ
ホッ